RAPPORT

DES DÉLÉGUÉS

CISELEURS, TOURNEURS ET MONTEURS

LU EN SÉANCE PUBLIQUE, LE 8 NOVEMBRE 1868

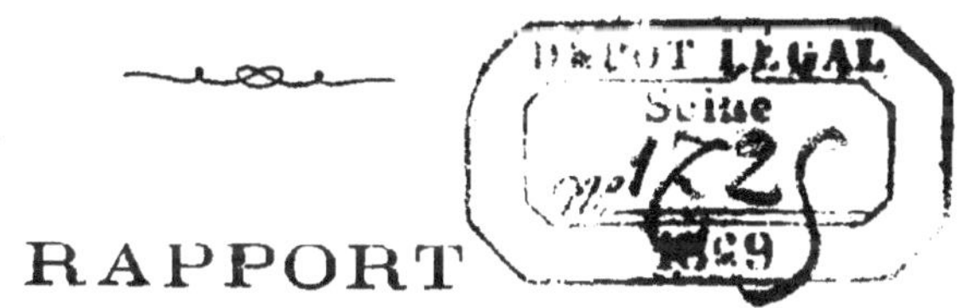

BRONZE

Orfévrerie, Bronze, Imitation, Cuivrerie

PUBLICATION FAITE PAR SOUSCRIPTIONS INDIVIDUELLES

Prix : 70 centimes

PARIS

Se trouve au siége de la Société de crédit mutuel des ouvriers du
bronze, rue de l'Oseille, 11, et chez tous les Délégués.

—

1869

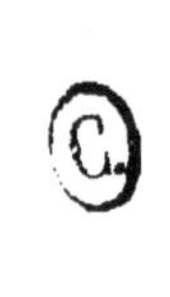

INTRODUCTION

—

Les ouvriers du bronze, en envoyant à l'Exposition une délégation ne relevant que d'eux-mêmes, se doivent de déclarer que ce n'est pas un blâme à ceux qui ont fait autrement.

Il n'ont eu pour but que de s'affranchir de toute tutelle, de s'habituer à faire leurs affaires eux-mêmes.

Puis aussi afin d'être plus à l'aise dans leur dire.

Car au nom de l'égalité, inscrit au frontispice de nos lois, il est impossible que l'ouvrier n'ait que la grève pour équilibrer les monopoles qui pèsent sur lui.

Nous demandons à pouvoir combattre par des réalités les priviléges du crédit ;

A en rendre les conséquences accessibles à tous ;

A développer autrement les résultats du travail ;

A les développer, non par monopole de corporation—nous sommes les adversaires des monopoles ;

A développer le travail sans compter plus qu'il ne faut sur le libre-échange tel qu'on l'a réglé, parce que, examiné rigoureusement, il n'est qu'une facilité de nation à nation, rien de plus, les priviléges du capital restant complétement debout.

Mais si nous prenons notre base d'action sur *égal* échange, cette route conduit à des résultats autres.

Mais pour cela faire, nous demandons à nous développer *sans* le patronat du gouvernement, qui, au lieu d'amener nos aspirations à réalité, les réduit à une sorte d'état platonique.

L'entente des intérêts généraux, qui n'ont rien à gagner à rester antagonistes, voilà notre but.

Cette déclaration ne menace pas le gouvernement, elle l'avertit.

Et à cette fin, nous montrerons que la liberté que nous avons n'est souvent qu'illusoire. Nous la demandons suffisante, et dans plusieurs endroits de ce rapport nous en développerons les motifs.

Les délégués du bronze à l'Exposition universelle de Paris, 1867,

> GAILLARD, tourneur ;
> GARNIER (Jean), ciseleur ;
> HUET, cuivrerie ;
> LACHAISE, monteur ;
> LANDRIN (Hippolyte), monteur ;
> LANDRIN (Léon), tourneur ;
> MAYER, ciseleur.

POINT DE VUE

DES

DÉLÉGUÉS CISELEURS

—

Nous devons peut-être dire brièvement, à ceux qui nous ont nommés, le point de vue auquel nous nous sommes placés pour juger de la ciselure universelle en général, mais plutôt de notre ciselure parisienne en particulier : le résultat des études sur l'Exposition serait très-mince, s'il devait ne porter que sur la manière dont Pierre ou Paul a posé un mat.

Si les tendances de l'avenir sont de grouper des associations diverses pour tout les goûts, il faut bien à l'avance se pénétrer de ce que l'on veut faire, et avant tout se poser cette question :

— Quels sont les vrais éléments de succès ? ? ?

Il est bien entendu que vos délégués n'ont pas pensé qu'ils avaient à s'occuper de certaines questions règlementaires, qui sont affaire d'adhérents.

Mais puisque nous étions chargés de voir le travail, c'est du travail que nous allons dire deux mots.

Tant que le bronze, la ciselure, ne produiront pas la forme, la composition, en un mot, depuis A (surtout A) jusqu'à Z,

Pas de succès possible.

Il faut acquérir les connaissances constituant la composition:

Forme, anatomie, style, etc.

Il faut nous-mêmes jeter la forme et la pensée par la composition.

Nous admirons les fioritures du chairé , mais en tant qu'émancipation elles ne peuvent mener à rien.

Ces fioritures ne sont qu'une sorte de femme de chambre : la ciselure habille madame, tandis qu'à notre opinion il faut que la ciselure quitte sa livrée, devienne madame et s'habille elle-même.

Elle obéit, il faut qu'elle se commande.

Et notre conviction est qu'elle ne se commandera que par les connaissances voulues, et que ces connaissances font seules les hommes libres.

Sinon, non !

Comme cette thèse sera développée plusieurs fois dans ce rapport, et à mesure que les occasions s'en présenteront, nous n'en dirons pas davantage pour le moment.

En disant ce qui précède, nous n'avons voulu qu'indiquer le point de vue où nous nous sommes placés.

INTRODUCTION

A

L'ORFÉVRERIE ANGLAISE

Le goût de l'orfévrerie anglaise diffère tellement du nôtre, qu'il est assez difficile d'oser le définir.

Nous craignons toujours que nos appréciations semblent du mauvais vouloir à la seule nation qui, en orfévrerie, soit réellement en concurrence avec nous.

Cependant nous allons essayer.

L'idéal anglais n'est pas le même que chez nous, l'influence artistique chez eux est saxonne, scandinave même.

Leurs poëtes souvent sont des bardes qui ne jouent pas du même instrument que les nôtres.

D'autre part, leurs légendes des deux derniers siècles, imprégnées de protestantisme, diffèrent aussi du catholicisme papal et ont peut-être plus d'influence sur la manière qu'on ne pourrait au premier coup d'œil le supposer.

Mais comme cela nous mènerait fort loin d'entrer dans les causes, disons que l'aspect sculptural de leurs groupes, figures, etc., est large, quelquefois même, lourd. La différence avec nous d'entendre les effets métalliques en sculpture, les exposent au chaos, à la confusion dans le rendu du sujet. Les Anglais aiment l'orfévrerie d'art *à blanc* avec des brunis, nous l'aimons mieux oxydé ; nous avons chacun nos raisons pour cela.

En Angleterre, un objet d'argent doit être nettoyé souvent, l'argenterie doit briller. Les masses énormes de charbon de terre brûlées dans l'industrie, dans les appartements, dégagent de l'acide sulfureux en abondance qui ternit l'orfévrerie : ce qui chez eux est une affaire de propreté, de climat, est chez nous inversé par d'autres raisons.

En Angleterre, l'orfévrerie y est fabriquée en énorme quantité.

Beaucoup de grands pots à bière, coupes, vases, groupes de figures, le tout d'une exécu tion toute locale.

Les objets dits d'art y sont plus nombreux que chez nous.

Prix de courses, de concours de toutes sortes, prix de cible pour riffleman (la mobile dans la liberté), prix de canots, de courses à pied, courses de natation ; puis viennent les *testimonials present,* qui sont des témoignages d'estime, d'approbation, d'admiration donnés par souscription par des individus à des ministres, des députés, des ingénieurs, des voyageurs, navigateurs célèbres, à des militaires courageux. Le grand bouclier de la maison Hunt et Roskell en est un magnifique spécimen.

L'orfévrerie de table offre aussi beaucoup de ciselure, mais moins cependant que le genre *testimonial*.

ORFÉVRERIE ANGLAISE

—

LES TRENTE GRANDS PRIX DE COURSES GAGNÉS EN ANGLETERRE DEPUIS 1855

Les trente grands prix de courses gagnés depuis 1855, exposés à l'entrée Iéna, résumaient on ne peut mieux l'orfévrerie anglaise : ils représentaient la différence, le progrès d'une période de douze ans. Il y a progrès, mais lent.

Le plus beau spécimen de cette réunion de prix était celui intitulé : *Ascot, 1865* ; et, chose non moins belle dans un autre ordre d'idées, c'est que ce prix était une statuette équestre de Jeanne d'Arc, étendard déployé. La sculpture en était ferme, correcte, beaucoup d'ampleur ; le cheval, quoique *poilé* partout à la manière anglaise, n'avait cependant pas cet abus d'outil sec que l'on rencontrait sur beaucoup d'autres chevaux ; mais, dans l'ordre de l'idée, c'est avec joie que nous devons voir le temps, la raison, balayer peu à peu les vieilles dissidences des nations.

Travaillons donc à cela tous tant que nous sommes. Que de bien-être l'Europe ne pourrait-elle pas faire avec son budget de la guerre !

Mais continuons notre description :

Shrewtury. — Le sujet : Henri III (d'Angleterre) sur le point d'être tué par un soldat à la bataille de ***. Les chevaux de ce groupe étaient mauvais en tous points, et bien distants de la plupart des chevaux figurant dans l'ensemble de cette réunion de trente prix de courses.

Nous citerons encore un de ces prix : *Doncaster, 1866* ; une remarquable application d'outil sur les cottes de mailles des combattants.

Pour le reste, bien que quelques-uns soient assez bien, généralement la ciselure était moyenne, souvent même très-faible ; la forme des vases plus arbitraire que stylée, plutôt bizarre, étrange qu'originale.

———

ANGLETERRE [1]

Maison Elkington

BOUCLIER MOREL LADEUIL

Le bouclier de M. Morel-Ladeuil est une grande composition, en ce que le sujet comportait une grande difficulté : l'essai de résumer par l'art du bas-relief, autant que possible est, le poëme épique de Milton, lequel poëme a des ressources infinies dans la description pour expliquer toutes choses, tandis que notre art ne peut pas décrire, mais seulement reproduire des faits, ce qui est bien différent. Ce bouclier, fer et argent repoussé, est un peu menu de parti pris ; mais vu la quantité de choses qu'il contient, il aurait fallu une surface immense pour représenter les phases presque toujours formidables de ce poëme, dont l'action se joue à travers les espaces infinis, le chaos, les planètes éparses, les voyages terribles à travers d'immenses intervalles. Les jalousies de prépondérance, les révoltes de l'orgueil amenant les gigantesques combats, enfin le *Paradis perdu* par les révoltés, le Châtiment les précipitant dans l'abîme, et en conclusion, *la Mort.*

Dans un cercle, le milieu de ce bouclier représente le Paradis terrestre.

Adam et Ève écoutent l'ange Gabriel leur racontant les traditions du Ciel.

Le travail de ciselure de ce bouclier est ce que nous sommes convenus en atelier d'appeler *blond*, ce qui veut dire plus imprégné de douceurs harmonisées que de vigueur énergique. Les figures ne sont pas chairées, elles sont claires, puis légèrement gradinées par endroits.

L'aspect général a de la souplesse ; l'anatomie, par endroits, laisse un peu à désirer. Le travail d'outil n'a pas modelé à fond partout, il a modelé à effet, et cet effet général est très-poétique d'aspect. En tant que composition, arrangement, ciselure, ce bouclier était

---

(1) Dans ce rapport sur la ciselure universelle, nous avons classé les nations par ordre alphabétique.

Nous avons placé de même les noms des fabricants.

une des belles choses de la ciselure parisienne implantée en Angleterre.

Nous ajouterons encore que, malgré les délicatesses du rendu de ce morceau, nous sommes obligés de formuler que, en thèse générale, la division en plusieurs sujets sur la même pièce est une erreur de notre profession. Quelque puissantes que soient les qualités d'harmonie, cette division a toujours pour conséquence de ne s'obtenir qu'*au détriment de l'ampleur*, ee qui est facile à comprendre. Il y a fractionnement.

Ce bouclier a été acheté 50,000 fr. par le musée Kensington.

La maison Elkington, entre autres belles choses, exposait *Le Cadeau de baptême* de la reine au fils aîné du prince de Galles. Cette pièce, dont le style est gothique XVe siècle, était une des meilleures choses exécutées dans l'idéal anglais. La statuette du prince Albert est bien : pose, cuirasse, cotte de mailles, et aussi la ressemblance du prince défunt. Les trois figures des angles de ce petit monument, la Foi, l'Espérance et la Charité, sont de bonnes choses. Les trois panoplies d'écussons émaillés sont très-bien aussi.

Un magnifique seau à glace de style indien.

Un petit service de table en or à 22 carats (sur douze parties, onze d'or fin) très-soigné de ciselure, enrichi d'émaux cloisonnés et libres. Cette pièce, dont le fini tenait plus de l'art du bijoutier que de l'orfévrerie large, était en plus enrichie de 800 pierres fines.

La maison exposait encore beaucoup d'orfévrerie de table, très-proprement faite, ciselure poilée dans les animaux, rifles dans les figures et draperies, puis aussi travail à la roulette anglaise, du tracé mat, mat et bruni, guilloché, dorure argenture à la pile. En conclusion, nous avons trouvé que cette maison justifiait bien la bonne réputation qu'elle a acquise en Angleterre.

Maison Hencock (Londres)

Trois grands vases, dont deux que nous connaissions de Londres 1862, et un troisième acheté par l'Empereur.

Ce vase, assez difficile à déterminer comme style, a des allures Renaissance : ce n'est cependant qu'une chose très-moyenne, comme composition et ciselure : de grands brunis, les ornements sont faits de grandes feuilles argent sur fond or ; la Chimère qui fait partie principale de l'anse de ce vase est une chose bien distante de notre manière de comprendre les effets décoratifs.

Beaucoup de choses de table, beaucoup de ciselure d'effet anglais mêlée aux brunis.

Quelques bonnes choses, notamment un pot à bière qui doit être un prix de tir à la cible, pour Rifleman.

Maison Harry Emanuel (Londres)

Le bouclier de M. Pairpoint témoigne de la persévérance de ce ciseleur, qui est en progrès sur ses travaux de 1861, mais qui cependant ne touche pas encore à son idéal, qui est le travail de Vecthe.

La maison exposait quelques bonnes choses à travers beaucoup d'autres pièces dans un genre que nous ne saurions proposer pour faire école.

Maison Hunt et Roskell (Londres)

Cette maison, qui est le sommet de l'orfévrerie à Londres, exposait plusieurs vases ciselés par Vecthe, notamment son grand candélabre que nous avons décrit en 1862, lors de l'Exposition.

Une magnifique couverture de livre en platine repoussé, avec toutes les qualités d'entente d'effet, de souplesse, de légèreté de notre compatriote, et souvent, il faut bien le dire aussi, ses fautes d'orthographe dans la forme.

Cette couverture est un bas-relief très-méplat, plusieurs détails ne sont même que du tracé légèrement modelé ; le sujet est l'Assomption de la Vierge, aux angles sont les quatre Évangélistes.

Cette couverture est destinée à un missel très-ancien, commencé en l'an 1390 ; il fut illustré par de célèbres artistes français, flamands, italiens, jusqu'au milieu du XVe siècle, époque où Jeanne de Savoie chargea un artiste français d'achever l'œuvre. C'est le duc d'Aumale, à qui appartient ce missel, qui a commandé cette couverture.

Le grand bouclier, dont le sujet est tiré de la guerre des Indes, en 1857. Ce bouclier était dédié à sir James Outram, commandant en chef.

Quoique nous ayons parlé de ce bouclier en 1862, nous dirons encore que c'est une excellente chose, qui n'a pas perdu à être revue. Les plans très-méplats du bas-relief sont bons, le modelé est solide; le dessin est juste, large, bien compris; l'effet est doux. Comme ciselure, il est modelé à l'outil clair et s'en trouve bien ; c'était certainement, en ce qui nous concerne, une des meilleures pièces de l'Exposition universelle.

Beaucoup de pièces de table genre anglais, dont nous connaissons tous le travail, ce qui nous dispense d'en parler.

La maison Hunt et Roskell avait beaucoup moins de choses à cette Exposition qu'à celle de Londres 1862.

Beaucoup de joaillerie.

BRONZE D'ÉGLISE

Le bronze d'église en Angleterre est XIIIᵉ siècle, byzantin de style : il comporte peu de ciselure, question de climat ; les unis dans un pays humide, brumeux, sont plus faciles à nettoyer, à tenir brillants surtout.

A l'Exposition l'orfévrerie et le bronze d'église étaient en très-petite quantité, ce qui d'autre part s'explique tout seul, la grande majorité de la nation étant protestante.

ARTICLES DE BATIMENT

En Angleterre, les articles de bâtiment sont souvent traités avec beaucoup de luxe. Les ferrures, les poignées, les boutons de porte sont, dans les objets riches ou demi-riches, gravés, ciselés, chanlevés à l'eau forte, émaillés même dans les choses de première ligne.

Dans les choses moins chères, imitation d'émaux par des vernis et des sortes de cires à cacheter.

LITERIE

Dans la spécialité métallique, la literie anglaise avait des lits sur lesquels était de la ciselure, peu, mais traitée proprement. Le plus grand nombre de ces lits sont peints, vernis, dorés.

RÉTROSPECTIF ANGLAIS

L'Angleterre avait, dans son exposition rétrospective, une chose excessivement ingénieuse pour étudier dans une place restreinte :

c'est une sorte de table très-solide dont le dessus n'est pas trop large, et sur laquelle est une colonne très-fixe. A cette colonne sont fixés d'une manière mobile, par trois gonds comme ceux d'une porte, en moyenne une trentaine de volets vitrés des deux faces, lesquels volets, pivotant sur leurs gonds, se tournent et retournent comme les feuillets d'un livre ; dans cette soixantaine de cadres vitrés étaient encadrées des photographies prises sur nature devant les débris, les ruines des monuments indiens de civilisation antérieure.

Objets divers, mais surtout de l'architecture, le tout bien remarquable par la lumière complète que ces études rassemblées ont jetée sur les origines de beaucoup de choses restées jusqu'ici dans l'obscurité.

L'on sait aujourd'hui, autrement que par des descriptions de voyageurs qui n'y connaissaient souvent rien, ce qu'a été ce grand style indien, si délicat, si savant dans ses lignes, si antérieur qu'il semble et doit avoir été le père de bien des choses en architecture. Dans les ruines de Delki, on retrouve même de toutes pièces notre style ogival (le gothique), et sur ce sujet, n'en déplaise aux poétiques origines si bien arrangées par Châteaubriand et beaucoup d'autres, il faut bien céder le pas à l'histoire des faits et rengaîner ce qui n'était qu'opinion.

Beaucoup d'autres meubles, pareils à celui que nous venons de décrire, contenaient par meuble l'exposition de spécialités diverses bien curieuses à étudier.

Nota : Il y a maintenant deux de ces meubles au Louvre, dans les salles de dessin.

Musée Kensington

Pendant qu'à Paris l'on continue de parler seulement des écoles dites *professionnelles*, Londres a fondé librement un musée dont ses riches collections en tout genre, arts, industries, sciences, permettent à chacun l'étude de son choix.

En France, de par la centralisation, de par l'excellence des règlements et de la disposition de nos musées, bibliothèques et collections, tout est sous clef deux heures avant que nos journées d'ouvriers ne finissent.

A Kensington, les collections de toutes choses étant surtout destinées à former l'instruction de ceux qui n'en ont pas reçu, le musée, parfaitement éclairé, reste ouvert jusqu'à dix heures du soir.

En France, de par la centralisation toujours, si nous voulions fonder *à nous, chez nous,* des bibliothèques à livres, gravures, dessins, collections spéciales, tout de suite, avant même de commencer, nous serions gênés par quelque spécialiste de l'administration, qui viendrait se mettre sur la poitrine de ce que nous voudrions faire, si bien que notre bon vouloir dans les choses qui tiennent à l'avenir de nos industries, de notre pays, se trouve aussitôt paralysé par la houlette administrative : et il n'y a aucune exagération dans ce que nous disons là.

Dernièrement au Sénat, ministres, commissaires du gouvernement, archevêques, cardinaux, sénateurs, discutaient *la patrie en danger.* Un petit village, à une lieue de Lyon, avait fondé une bibliothèque libre, et il paraît... on ose à peine le dire, que cette bibliothèque contenait Voltaire, Rousseau, Michelet, Georges Sand. Le résultat fut que la société coopérative de cette bibliothèque, n'ayant pas voulu subir le triage des livres dont on lui imposait la suppression, préféra se dissoudre. Elle fit don de tous ses livres à l'un de ses membres, chez lequel on les va lire comme on va chez un ami, à la condition cependant de n'être jamais plus de dix-neuf. O liberté !

A l'Exposition, la commission du musée libre de Kensington a acheté pour ses collections de magnifiques spécimens dans toutes les industries. Le beau et unique petit meuble de Fourdinois, si précieux d'exécution, a été acheté 70,000 francs par cette commission. Si nous avions pareille somme à pouvoir dépenser, le gouvernement voudrait tenir notre porte-monnaie. Un monsieur envoyé par lui serait chargé de nous tenir en lisière, et le résultat final, comme toujours, serait ramené à zéro.

Cependant il y a parfois différence d'application : le gros denier de Saint-Pierre, dans les trente-huit mille communes de France, a droit de coopération pour recueillir et emporter à l'étranger l'argent de nos pauvres.

AUTRICHE

BRONZE

Quatre bustes de grandeur naturelle, travail propre. Roulette ridoursée par-dessus. Quatre petites figures équestres : beaucoup de peine, affaire de galons, de passementerie, peu d'effet en tant que ciselure.

La maison Auguste Klein (de Vienne), fournisseur de l'empereur d'Autriche, est une maison dans le genre de la maison Giroux, à Paris ; beaucoup de choses et surtout du petit bronze ; articles de papeterie propres, assez agréables de forme ; peu de ciselure, beaucoup de choses faites au tour, fermoirs à livres, etc., etc. Ce genre de bronze est toujours doré.

La maison Lobmeyer

La maison Lobmeyer (Vienne) avait un service en cristallerie monté de bronze doré très-bien traité. Ce travail, bien compris d'effet décoratif, vu de près, ne comportait pas du tout de ciselure. Ornements découpés dans de la feuille de cuivre et cambrés, mouvementés à la pince. Fermeté remarquable dans le travail de lime. (Acheté par Kensington.)

Toujours dans la même maison, quelques bronzes dorés, garnitures de cheminées, lustrerie d'assez bon goût, monture de cristallerie, deux grands candélabres dorés ; ciselure très-moyenne, composition style fantaisiste.

LAMPADAIRE GIRANDOLE

Maison Dziedzinski et Hanusche : petit bronze, articles de papeterie, beaucoup de pièces bien traitées ; objets faits au tour, peu de ciselure. Les fermoirs de plusieurs objets sont chanlevés au burin, à l'échope ; les formes ne manquent pas d'un certain goût.

Quelques tendances à l'émail cloisonné.

L'orfévrerie d'église est gothique treizième, quatorzième et quinzième siècle. C'est une orfévrerie franche, propre, mais qui n'a rien d'extraordinaire. Bon commerce.

En conclusion, si nous jugeons les produits d'Autriche par son exposition, tout en tenant compte des quelques bustes et statuettes que nous avons mentionnés plus haut, nous dirons que c'est, en grande partie, sur les pièces tournées que repose la fabrication de son bronze, presque toujours doré, que le travail de lime est de première force et que certains détails pourraient bien être tirés au ban, à la filière, et enfin que la rare ciselure qui décore les bronzes n'est, malgré sa sobriété, que très-moyenne d'exécution.

AMÉRIQUE

(Etats-Unis)

La maison Tiffany, de New-York, était la seule qui eût envoyé de l'orfévrerie à l'Exposition. Cette orfévrerie de table était très-bien traitée, bien comprise dans ses mats et brunis; les formes étaient de très-bon goût et les riches tracés de ciselure qui les ornaient étaient de mains si fermes, que nous les supposons français, à des détails de coups d'outils, à certains effets nés dans les ateliers parisiens.

C'est tout pour l'orfévrerie.

BRONZE

Deux grands bronzes : Un chasseur et une statue de Napoléon, grandeur naturelle, puis un petit esclave nègre. Ces trois morceaux étaient de facture parisienne; les ridoursés et d'autres détails nous l'auraient indiqué suffisamment si nous ne savions que, là aussi, il y eut émigration de ciseleurs : Hubert, Léger fils, etc., etc.

Ces bronzes étaient bien traités; il y en avait peu, c'est vrai, mais c'est autre part que dans ce peu qu'il faut chercher la vérité de la situation. Une excellente pierre de touche quand on désire connaître un peuple, c'est de voir comment il se comporte en art. Avec ce diapason, l'on a aussitôt la note de sa civilisation.

Les États-Unis avaient à peu près quatre-vingts tableaux : portraits, tableaux de genre, d'histoire, paysages, dont le plus grand nombre sont œuvres de vrai maître et ne le cèdent ni à l'Italie, ni même à plus d'un de nos membres de l'Institut ; ils avaient quelques tableaux de genre qui étaient de première force ; et comme les arts marchent ordinairement du même pas, il s'ensuit que la sculpture y sera forte, le peu envoyé le prouve, le promet, et en conclusion, le jour viendra où ils auront aussi du beau bronze. Sans sortir du sujet, on peut dire que les États-Unis sont riches à l'excès des productions sur sol et sous sol (une minéralogie splendide). Un grand avantage est d'avoir dans ses produits métallurgiques du très-beau cuivre en abondance, tandis que nous sommes obligés d'acheter à la Russie celui dont nous faisons notre bronze.

En terminant, pourquoi nous faut-il mettre un crêpe sur nos points d'admiration..... pour dire que, là aussi, la guerre a fait perfectionner les bras et les jambes articulés !

BAVIÈRE

Bouclier de Tannhauser, inventé et exécuté par Conrand Knoll. Le sujet de ce bouclier (en galvano) ; les figures sont disposées en trois cercles, l'un dans l'autre ; un médaillon au milieu : Tannhauser et Vénus. Cette disposition est défectueuse en tout point ; elle ne peut pas être décorative, elle fractionne le sujet et ne peut, de toute manière, être que la négation d'ampleur.

Dans les figures, quelques bonnes choses mélangées à de très-mauvaises draperies lourdes et souvent de mauvais goût. Comme ciselure, pas de nuance ; de la riflure, et pas de la bonne, quelques bizarreries dans le cercle des gnomes. Somme toute, œuvre moyenne en tout point.

Un pot à bière en argent et une écritoire, le tout sous verre au milieu de la salle ; ces deux objets n'étaient pas mal d'arrangement, mais n'étaient que chose assez moyenne comme ciselure.

C'est dans ce grand salon, que la Bavière avait fait élever dans le jardin pour l'exposition de sa peinture, qu'était aussi le splendide grand carton de Kaulbach, l'une des plus belles choses de l'Exposition universelle.

BELGIQUE

Il y avait moins de bronze belge à cette Exposition du Champ de

Mars, qu'il n'y en avait à l'Exposition de Londres 1861. Le travail ne nous apportait rien de nouveau; comme manière, c'est une imitation plus ou moins distante de celle de nos ateliers de Paris. Cependant une grande partie des bronzes était traitée convenablement; mais rien de saillant en tant que pièce ciselée.

Parmi ces bronzes les plus remarquables était un Jeune Pêcheur écoutant dans un coquillage. L'action était naïve, pleine de vérité.

Une assez jolie statue équestre du feu roi Léopold Ier.

Fac-simile en plâtre passé au vert de la statue du Gaulois Ambiorix (chef des Eburons), défiant les Romains au combat. La sauvagerie de cette figure, dont le piédestal a les allures de pierre druidique, est une bonne chose; l'original est érigé dans le pays, la sculpture est de M. Jules Bertin.

Un Enfant jouant à colin-maillard rit malicieusement, parce qu'il voit clair en dessous du mouchoir qui est sensé lui bander les yeux. Bonne exécution.

Une Esclave africaine d'une bonne forme, dans une expression de résignation.

Une maison de Liége (Val-Benoît) exposait quelques spécimens de fabrication en nikel.

La ciselure des objets exposés était traitée à la manière des bronzes du commerce. Mat par endroit, riflé, ridoursé par-dessus.

M. Léopold Harzé (Bruxelles), sculpteur, exposait des terres cuites ravissantes d'esprit d'observation, de modelé. Les neuf petits groupes qui étaient là montrent, une fois de plus, qu'en art le succès est à la sensation produite : la matière ne compte pas. La foule n'a décessé devant l'exposition de M. Harzé, mais aussi que d'esprit, de malice, quel comique agréable ! comique sans être chargé de caricature, enlevé par la situation et par un modelé d'une justesse bien savante ! combien tous ceux qui regardaient ces groupes riaient de bon cœur !

Si nous citons ces terres cuites, c'est afin de montrer combien la forme, les partis pris du sujet ont d'horizons différents, originaux. On semble nier dans les écoles qu'en sculpture l'esprit puisse parler à l'esprit. La sculpture ne s'adresse qu'à l'œil, disent certains maîtres. Erreur, erreur, la sculpture, la ciselure peuvent parler à l'esprit, au cœur et à l'œil.

MINÉRALOGIE ET PRODUITS ORGANIQUES

—

BRÉSIL

Avait des produits très-avancés d'autres industries que la **nôtre**, mais du bronze et de l'orfévrerie, rien.

CHINE

La Chine n'avait guère d'autre bronze que les quelques bizarreries que nous connaissons tous. Cependant elle avait encore ses vases de bronze à émaux cloisonnés, qui ont donné le type aux émaux de Barbedienne, Christofle, Viot, et beaucoup d'autres. Ceux qui tiendraient à en voir de beaux spécimens, n'ont qu'à aller au musée de marine, au Louvre. Comme application pour **nous**, les Chinois pourraient nous donner l'exemple d'un très-joli damasquiné d'argent ; l'on pourrait faire des broderies aux draperies des figures et bien d'autres applications, affaire de goût comme leur émail cloisonné, dont nous nous servons aujourd'hui.

DANEMARK

Pas de bronze. — Orfévrerie

Nous ne pouvons blâmer M. Rudolphi d'être orfévre à Paris depuis bien longtemps et d'être aussi orfévre en Danemark, d'avoir deux vitrines à l'Exposition. Mais nous ne saurions trouver qu'il soit bien régulier que M. Rudolphi ait écrémé *ses produits* faits à Paris par nous tous, et fasse supposer que lesdits produits qu'il exposait dans le Danemark sont des produits danois. Nous citerons le grand vase que tout le monde connaît, modelé par Geoffroy Dechaume, ciselé par Poux. *Idem* pour beaucoup d'autres choses qui étaient exposées dans les mêmes conditions.

Mais laissons là M. Rudolphi et disons que l'orfévrerie danoise est ordinairement unie ; elle est plus affaire de table qu'objet d'art, peu de ciselure. Comme parti pris, quand le style n'est pas une imitation, il n'a qu'une mince individualité : il tient du russe, de l'allemand ; quelques pièces ne manquaient cependant par d'un certain goût dans la forme.

La ciselure est ce que nous nommons propre, c'est tout. Trois maisons sans compter M. Rudolphi.

La bijouterie a peu de ciselure. Une partie imite le genre de Paris. La bijouterie vraiment locale ne relève pas de la forme mot delé-ciselé ; c'est un filigrane d'argent sans originalité, imitant souvent le genre Pompeï, dit Campana.

ÉGYPTE

Depuis que, par le canal de Suez, l'Égypte se frotte aux Européens, cela lui aurait-il déjà donné de la supériorité sur ses voisins d'Afrique ? Ou bien M. Ferdinand de Lesseps, chargé par le vice-roi d'organiser l'exposition Égyptienne, n'a-t-il seulement eu que plus de goût à bien choisir ?

Quoi qu'il en soit, les produits d'Égypte sont plus francs, plus distingués que ceux de la Turquie. En ce qui nous concerne, la ciselure repoussée est la même. Puis aussi de la damasquine d'argent qui désaffleure, mais les choses y sont faites parfois avec beaucoup de goût.

ESPAGNE

Nous n'avons pas vu de bronze dans son exposition.

L'orfévrerie, celle de table et celle d'église, argent mat et bruni, était très-faible comme travail.

La maison Zuolaga, de Madrid, avait une spécialité de choses damasquinées, or et argent sur fond noir, très-bien comprises ; surtout un bouclier acheté par l'Impératrice. Beaucoup de petites choses, puis deux vases style mauresque de l'Alhambra damasquinés, également très-bien.

Il y avait cependant encore une maison qui avait un peu de ciselure très-moyenne sur des poignées d'épées et de sabres ; et c'était tout.

HOLLANDE

Orfévrerie, maison Mayer, fournisseur de S. M. le roi des Pays-Bas.

Des pièces de table, travail propre, ordinaire, de commerce ; rien de saillant que le mauvais goût de certaines compositions.

Un vase ciselé par M. Bechet (Amsterdam); ce vase, qui n'est pas une composition, dont le bas-relief mal enclavé, mal sur ses plans, n'est qu'une copie d'un tableau allemand, le *Féroce chasseur*, a dû donner à M. Bechet bien du mal pour bien peu d'effet ; et quand nous aurons dit que ce vase n'a pas de forme, cela viendra appuyer encore notre dire de remarque générale à l'Exposition.

Pas d'effet, rien sans la forme.

Manufacture royale d'orfévrerie, M. Van Kempen.

Beaucoup de choses à l'usage de table ; cette grande maison n'avait, comme composition, comme ciselure, rien qui puisse nous intéresser. Des blancs, des brunis ; comme art, l'importance semblait surtout résider dans une indication en grosses lettres :

« TOUT ARGENT. »

ITALIE

Ce n'est qu'accidentellement que l'Italie fait du bronze. Les quelques petites statuettes qu'elle exposait sont surmoulées sur les choses retrouvées dans les fouilles de Pompeï. C'est un travail de fonte à peu près sans ciselure, macéré au vert antique, et c'est tout pour l'idéal de cette petite fabrication renouvelée des Pompéïens, moins l'originalité.

Tout cela étant plutôt affaire de fonderie que de ciselure, nous ne ferons que mentionner le gigantesque bronze *le David*, de

Michel-Ange, fac-simile de l'original qui est sur une place de Florence.

Un faune en bronze, grandeur naturelle, moulé sur celui trouvé dans les fouilles d'Herculanum. L'original appartient au musée de Naples. C'est une figure suivie de très-près dans le travail, riflée partout dans les chairs ; les cheveux au traçoir et à l'outil coupant.

Tout ce qui est dit pour la figure précédente s'applique comme provenance et comme exécution à une autre figure intitulée *Faune dormant*, qui a des parties du torse très-nature de modelé. C'est tout pour le grand bronze ; trois figures surmoulées.

Vu la rareté des produits de notre spécialité, si nous jetons un coup d'œil sur l'art italien en général, nous dirons que les mosaïques de verre des Vénitiens sont, comme ampleur, bien éloignées de l'art si bysantin, si large des Russes, qui exposaient aussi de la mosaïque.

La sculpture italienne, à quelques exceptions près, n'est pas une sculpture forte, mâle. C'est une sculpture qui a beaucoup de goût, de l'arrangement, de la finesse, et qui fait merveille dans sa manière d'assouplir le marbre.

Quant à l'idée, elle est à peu près aussi nulle que depuis quelques années chez nous.

Les artistes d'Italie sont amateurs des difficultés de fragilité.

Ce n'est que rarement le grand art. C'est l'art de salon, art de demoiselle, joli, coquet, mais de ravissantes choses dans cette donnée-là.

Orfévrerie.—L'Italie avait peu de chose en orfévrerie d'art; il y avait bien par-ci, par-là, quelques adresses de la main, mais nous en omettons la description parce qu'elle serait sans résultat pour le but de notre instruction.

En orfévrerie de commerce, presque rien. Un service à thé, puis quelques peccadilles d'assez mauvais goût.

En ciselure d'art, une très-jolie petite figure fondue, en argent, ciselée par Giuseppe Franzoni. Un casque en fer repoussé, par Gaëtano Guidi, assez bien traité comme travail ; mais la composition avait une grosse faute qui annulait bien des choses et que nous devons signaler : les figures du cimier étaient traitées à la manière épique, tandis que les figures du casque proprement dit étaient des soldats à costume moderne.

La *bijouterie* italienne a deux manières d'être très-distinctes : l'une est pompéïenne, que nous nommons Campana ; l'autre, dite des paysans d'Italie, est d'un genre souvent très-décoratif, peu ou pas de ciselure ; presque toujours de grands pendantifs, dont le style est un déversé oriental avec pierreries, puis aussi mélangé à la manière des bijoux de l'antiquité.

Le musée de Kensington a acquis une belle collection de bijouterie exposée Romagne et Lombardie.

La bijouterie moderne des Marches, Ombrie, Venise, relève directement du genre que nous nommons Campana : de l'or mat partout, pas de pierres, ciselure insignifiante, beaucoup de filigrane.

MAROC ET TUNIS

Produits de même famille que la Turquie et l'Égypte, brûle-parfums, cassolettes, quelques fourreaux de yatagan... c'est tout.

Ces pays brillaient à l'Exposition par des broderies, les étoffes de soie brochées d'or et d'argent, puis des matières premières qui ne sont pas de notre spécialité.

PRUSSE

Le bronze de la Prusse, en tant que ciselure, est celui que nous nommons à Paris « bon commerce. » Il est bien, mais n'a rien des qualités saillantes du bronze français : la ciselure est dépourvue de nuances. Large d'aspect dans certaines choses, dans celles de moyenne grandeur il a l'amour des petites sécheresses vétilleuses.

La Prusse fait aussi de très-grandes et de très-petites choses en fonte de fer ; les grandes et les petites sont remarquables de fonderie.

Deux grands lions en fonte de fer, maison Konigl-Eisengiesserei (Berlin). Ces lions, très-larges d'aspect, étaient très-bien réparés, riflés dans toutes autres parties que les crinières, qui étaient réparées aux mats.

Dans les petites choses en fonte de fer, beaucoup de modèles établis à grande dépouille ne comportent pas d'autre réparure souvent que de l'ébarbure, l'enlevage des jets.

GRAND BRONZE

La Prusse avait dans le jardin une grande statue équestre : le roi Guillaume. Cette statue, dont les montures n'avaient pas été ragréées pour faciliter son transport, était bien traitée de modelé, de ressemblance, de fonte, de reparure.

Dans l'exposition prussienne, le bronze de moyenne grandeur n'était qu'en petite quantité et n'apportait rien à notre instruction.

ORFÉVRERIE PRUSSIENNE

La maison Wagner était la première maison d'orfévrerie prussienne à l'Exposition.

Beaucoup de choses de table bien traitées, mais traitées à la manière allemande : des raideurs auxquelles nous ne sommes pas habitués ; des sujets sur lesquels nous nous garderions bien de porter une appréciation, parce qu'ils sont pris dans la littérature allemande que nous ignorons. Seulement, nous avons fait cette remarque que le côté fantasmagorique, bizarre, est souvent mêlé aux choses naturelles de la vie. Cependant, beaucoup de choses ne sont pas traitées à la manière que nous venons de dire : la maison Wagner, entre autres choses que nous connaissions déjà pour les avoir vues à Londres, exposait ce que nous ne connaissions pas, la copie galvano du *bouclier repoussé en argent, présenté en 1864 par la haute noblesse de l'Allemagne à Sa Majesté le roi de Naples, François II.*

Ce bouclier est une composition bien comprise : il rentre bien dans le génie de composition que la ciselure devrait avoir. Exempt de système, l'ensemble n'a qu'un point de vue, nous voulons dire que les figures ne sont pas posées comme les rayons d'une roue de voiture. Le modelé, large, manque un peu de ressort et beaucoup de finesse. La disposition du sujet est, somme toute, mieux que la ciselure.

Le roi François II, avec le calme qui convient à un roi dont on ne veut plus, se défend de son mieux. La reine son épouse, debout près de lui, tient une bannière flottante sur laquelle on lit en latin : *A la grâce de Dieu*. L'infortuné monarque, vêtu en Romain d'autrefois, casque en tête, se défend contre beaucoup de gens qui, pour le précipiter du monticule sur lequel il est, le tirent les uns par son manteau, d'autres par son bouclier; la vile multitude crie, agit, le diable rit !

Déjà les amis de la royauté sont renversés sur le premier plan. A la manière épique, les anges émus, ailes déployées, quelques-uns même l'épée au poing et sans doute de crainte que la couronne royale ne tombe en de méchantes mains, l'emportent dans le Ciel. Enfin, le tout était digne de plus de chance.

Mais, quoi qu'il en soit, triomphe, ciselure! sois heureuse si, par ce bouclier, tu as pu amoindrir l'amertume qu'on doit avoir de perdre un trône. A pareille occasion, *va dru,* ne marchande pas les compensations !

PARAGUAY. — CONFÉDÉRATION ARGENTINE. — CHILI. HAITI. — URUGUAY. — VENEZUELA. PÉROU.

Paraguay, Confédération argentine, Chili, Haïti, Uruguay, Venezuela, Pérou.— Rien que des matières premières, quelques grosseries d'argent ciselé pour harnachement de chevaux, étriers, mors, pommeaux de selles, éperons, boucles, quelques plaquettes d'argent cousues après les brides, le tout assez grossièrement ciselé.

PERSE

Son art est le *nec plus ultrà* du bon goût; rien au-dessus comme distinction. De ravissantes choses comme art, patience, finesse; harmonie extraordinaire dans les mélanges des choses et des couleurs. En Perse, l'art est gai d'aspect, plus mâle aussi que celui des Orientaux d'Afrique.

En ce qui nous concerne, tout se résume à de la damasquine, de première force sur les casques, boucliers, brassards, fourreaux et poignées d'armes.

La spécialité de l'exposition persane était des tapis.

RUSSIE

Les bronzes russes sont de deux manières. Une qui est locale, qui a sa façon d'être sans cependant rien apporter de nouveau dans le travail proprement dit.

L'autre manière est fille de parents français, elle est la conséquence de nos camarades qui ont porté là notre industrie.

L'orfévrerie russe avait dans les pièces de table un style oriental margoté d'arabe, argent et doré par places, mat et bruni.

Dans d'autres pièces, du nielle par-ci, par-là, dans des cloisons chanlevées. Tout ce qui était des pièces visant à l'imitation française était sans intérêt pour nous.

Un morceau de repoussé argent représentant l'adoration des Rois-Mages, par M. Sazikoff (Moscou). C'était un travail d'une certaine ampleur, quoique un peu lourd. De parti pris, ce morceau était ronde bosse plaquée ; c'est un travail bien relevé, trop peut-être, car cela a conduit son auteur à rapporter les têtes, les bras, quelques mains.

En somme le dessin était ferme, bien dans le sujet; le travail à l'outil clair, les extrémités un peu pauvres quoique rapportées ; mais d'aspect, c'était certainement une assez bonne chose.

Il y avait, accroché dans un coin de l'exposition russe, un tableau rond d'à peu près 45 centimètres de diamètre dans lequel étaient groupés et reproduits d'un seul coup, par galvano, quelques centaines de camées antiques et autres ; les originaux appartiennent à la collection de l'Ermitage-Impérial de Saint-Pétersbourg. Excellents matériaux que nous signalons, si nous avons jamais à nous la bibliothèque proposée dans notre rapport de Londres.

Le caractère des objets du culte orthodoxe russe est le style byzantin : il a beaucoup d'ampleur. Analysant cette ampleur, elle a deux raisons d'être ; la grandeur relative de l'objet d'abord. Ainsi, pendant que les coupes de nos calices, ciboires, sont mignonnes, les coupes des leurs ont cette ruse d'art décoratif d'être très-grandes, des calices de géant. Ces coupes contiennent de quatre à cinq litres.

Cherchant à se rendre compte des causes de l'effet, on trouve abstention de détails. Les profils à grands galbes par des courbes, moins de lignes droites. Si l'on passe de l'orfévrerie à l'art général, on retrouve les mêmes moyens : grandir, exagération gigantesque. Ainsi, les figures d'une grande mosaïque qui était là avaient au moins quatre mètres de la tête aux pieds. Le dessin large, très-large de parti pris, comparé à l'art si fin des mosaïques vénitiennes qui étaient exposées en face, les Vénitiens devenaient pauvrets, maigres : la gazelle devant le taureau.

Si nous insistons sur cette mosaïque qui n'est pas de notre art, c'est qu'elle résumait au plus haut point le secret de l'ampleur ; et cependant il y avait des broderies partout, mais subordonnées à l'ensemble, se fondant en lui.

La Russie exposait aussi du beau nielle dont elle a le secret.

Riche en matières premières de toutes sortes, la Russie a l'avantage de nous vendre son cuivre, qui pourrait bien subir un abaissement par la transformation des canons en acier.

Sa fabrication de bronze arrivera peut-être à se passer de la nôtre ; mais quant à présent, il n'y a pas grande crainte de concurrence pour ce qui est de notre spécialité.

ÉTATS PONTIFICAUX

Rome. — Pas de bronze que nous sachions, seulement des marbres. Style douteux. Quelques bustes, celui de l'abbé Listz avec une couronne de laurier sur la tête. De la main dans le travail, de l'inspiration nulle part. La sculpture des États du Pape, celle surtout qui était exposée dans le pourtour du jardin, était incontestablement l'une des plus faibles des nations exposant de la sculpture.

O immobilisation à coups de dogmes, liberté du chapelet, poteau planté sur la route qui conduit de la décadence aux fossoyeurs, vos résultats sont faits acquis !... Sentinelles, prenez garde à vous !

ROUMANIE

La Roumanie n'avait pas de bronze ; elle exposait, en ce qui nous concerne seulement, quelques pièces d'orfévrerie franchement faites dans la manière byzantine. Un petit reliquaire à peu près tout en filigrane, puis quelques vierges bas-reliefs repoussés en argent, gloires d'or, les figures peintes en miniature genre russe. Un assez grand reliquaire or et argent, quelques rubis et émeraudes par-ci par-là. Ciselure sauvage en tant qu'outil. Mais ce diable de style byzantin est tellement puissant, qu'à distance cela est vraiment splendide d'effet, d'harmonie, d'ampleur.

ROYAUME DE SIAM

Quelques armes, sur lesquelles il y a de la ciselure un peu sauvage, au traçoir.

Mais distingué dans la composition des dessins, comme tout ce qui est originaire de l'Orient, l'effet est toujours simple et décoratif.

SUISSE

Nous n'avons pas vu de ciselure dans l'exposition de ce pays. Du guilloché, de la gravure à l'échoppe sur des boîtes de montres.

EMPIRE OTTOMAN

Pas de bronze. Les quelques garnitures qui étaient dans l'exposition de la Turquie étaient des bronzes français qui ne figuraient là que pour faire valoir des cheminées toutes montées, comme échantillons des beaux marbres du pays.

Les cuivreries exposées étaient des travaux de bossetterie restreinte au marteau. Des aiguières, plateaux en cuivre rouge et jaune, ornés quelquefois d'ornements faits au traçoir.

Un peu de ciselure et de tracé mati sur vase d'argent, puis sur des fourreaux et poignées de sabres, de yatagans.

Orfévrerie. — Très-peu de ciselure, tracé mati ou tracé, les fonds abaissés au frisoir. Beaucoup de filigrane sur toute chose.

Un beau service de couverts en fer damassé, forme européenne, très-adroitement damasquiné.

Quelques brimborions après, des pipes, et c'était tout.

Une grande richesse en matière première de toutes sortes ; peut-être un peu trop de coussins et de parfums pour entrer dans la civilisation moderne par la porte du travail.

FRANCE

ZINC

Celui de nos collègues qui était chargé de la spécialité du zinc ayant donné sa démission le jour où nous commençâmes notre travail à l'Exposition, nous avons dû le suppléer par nous-mêmes. Nous ne fûmes pas absolument pris au dépourvu de compétence, puisque nous avons fait les premiers zincs coulés dans des moules de métal creux et zinc fondu dans le sable que l'on ait fait à Paris il y a une vingtaine d'années, car cette branche de notre industrie ne date que de vers 1845-46, chez Debreaux, qui apporta sa fabrication alors fondue dans le sable à la société de la Vieille-Montagne, où, entre autres souvenirs d'atelier, dans les bureaux d'administration était alors M. de Morny, encore assez jeune et qui était certes, ainsi que nous, loin de se douter des rôles que l'avenir lui réservait.

Mais arrivons à nos affaires.

La maison Boy était certainement la plus haute expression du grand zinc. Elle avait quelques modèles d'un grand mérite, notamment ceux modelés par M. Carrier ; puis encore ses Chinois porte-lumière. Un grand ange. Beaucoup de torchères, des pendules, dont les statuettes étaient du meilleur effet.

Aussi M. Boy a-t-il refusé net la médaille d'argent que lui avait décernée le jury, et il a eu raison puisqu'il y avait une médaille d'or dans la section du zinc. En tant que beauté des produits, elle lui appartenait et ce n'était que justice.

Maison Blot et Drouard

UNE PREMIÈRE MÉDAILLE

Cette maison avait des produits à la hauteur des meilleures

choses du bronze de commerce, et quelques-uns de ses modèles rivalisaient même avec ce que nous sommes convenus d'appeler objets d'art Ses coupes, ses flambeaux, ses candélabres, ses vases néo-grecs étaient d'un très-bon goût.

Un vase acheté par Kensington, cuivré et oxydé, était une excellente chose du meilleur aspect antique.

Les pendules étaient aussi très-bien.

Une collection d'oiseaux très-nature de rendu, fondus dans des creux que nous avons examinés ; ces creux donnaient les meilleurs résultats comme produits, comme faire et surtout comme disposition de démoulage et de monture, car les difficultés de dé-pouiller y étaient bien évincées.

En conclusion, la fabrication de cette maison est excellente en vigueur, fini, variété, bon goût; et de toutes les maisons qui expo-saient du zinc, c'était peut-être la seule qui pouvait faire une véri-table concurrence au bronze par l'aspect franc de ses produits, ses prix de revient lui permettant de livrer à bien meilleur marché que le bronze qui ne pourra jamais, lui, être coulé dans des creux.

Maison Miroy

La maison Miroy (médaille d'or), quoique suivant d'assez près la maison Boy, surtout dans quelques-unes de ses torchères, lui est cependant inférieure dans l'ensemble du bon goût de ses mo-dèles. Surtout les petites choses, la plupart des grandes choses sont bien.

La maison Miroy a eu la médaille d'or, non à la classe zinc, mais à la classe 91, c'est-à-dire non pour la beauté du produit, mais pour le bon marché.

A l'origine de nos expositions d'industries, Fox visitant la France, Napoléon lui demanda ce qu'il avait vu qui l'eût frappé à l'exposition. Le grand champion de la liberté des nègres, le cou-rageux abolitioniste de la traite lui montra un petit couteau de poche, lequel était vendu dix centimes, quinze centimes les gros, réunissant solidité, bonté de lame en acier de faux.

Napoléon décora Heustache, c'était le nom de l'inventeur. Un couteau se fermant n'était pas, en raison du prix, chose que le pauvre paysan pouvait toujours acquérir, et ce bonhomme Heus-tache avait rendu abordable, possible pour tous, une chose de pre-mière utilité.

Si l'on a voulu suivre ce bon exemple, ce n'est certes pas nous qui blamerions, en 1867, cette mesure prise par le jury de vouloir récompenser aussi ceux qui mettent leur fabrication le plus à la portée des petites bourses.

Mais franchement, tout en déduisant la valeur du mouvement de cette pendule type livrée à vingt francs, et des chandeliers à un franc cinquante centimes, ils étaient bien, sans conteste, les plus vilaines choses de tout ce que le zinc avait exposé ; il ne serait même guère possible de faire plus laid. Cette grande médaille d'or décernée à ces vilains produits est restée pour nous un contresens d'encouragement bien compris ; vouloir démocratiser d'aussi laides choses, c'est manquer au goût français et au goût si justement réputé de la fabrication parisienne. Car si le mouvement de ces pendules est bon, ce que certains contestent, le mérite en serait à la section *horlogerie*, et non à cette vilaine chose *soi-disant* décorative qui a eu la médaille d'or.

Maison Chassagne

Spécialité de figures porte-lampe, candélabre, gaz : ces figures, dont quelques-unes avaient un mètre et plus de haut, étaient traitées d'une manière très-décorative. Cette maison était certainement une des meilleures de la spécialité du zinc : fabrication propre, douce ; quelques-uns des modèles étaient aussi de bonnes choses, notamment les hallebardiers renaissance, huguenots, et certaines crâneries aux allures Dartagnan.

Maison Lefèvre

Bonne fabrication.

Beaucoup de choses, pendules, flambeaux, candélabres, une belle pendule, un grand enfant avec des attributs de musique ; cette pièce était de celles qui font concurrence au bronze.

Zinc doré, porcelainé, marbré, émaux mélangés au zinc.

Maison Berard

Fabrication faible, notamment un César.

Maison Commun

Une bonne fabrication de commerce.
Beaucoup de choses, dont une grande partie d'assez bon effet.

Maison Vullierme

Bon commerce.
De la statuette, des animaux, dont quelques-uns sont bons, d'autres assez mauvais. Deux candélabres dorés d'un bon effet.

Maison Patry et Juglar

Écritoires et encriers ; quelques originalités en presse-papier, fabrication moyenne, peintes à l'huile le plus souvent, avec l'aspect des choses de Nuremberg. Mais si le goût de l'exportation demande, aime ces peinturages et les achète, qu'aurions nous à dire ?

Maison Duval

Beaucoup de choses.
Fabrication négligée, se rachetant par des mélanges de marbre, de porcelaine. Dorure, argenture et peinture à l'huile aussi ! !

Maison Garnier et Vanberche

Quelques modèles étaient bien, mais le plus grand nombre était de mauvais goût. Cette maison, qui a la réputation de vendre bon marché, a une exécution qui doit être en rapport avec ses prix de vente.

Maison Bavelaère

Bonne fabrication.
Cette maison a des pièces qui, pour l'aspect, font véritable concurrence au bronze. Quelques jolis modèles bon goût, joint à une fabrication bien comprise.

Maison Lefèvre.

D'assez jolis produits, notamment une Cornélie modelée par Mathurin Moreau, et qui était une des meilleures choses exposées par la spécialité de zinc.

Maison Lambin, Saguet, Fouchet.

Bon commerce. Quelques jolies petites statuettes. Articles de cheminées, pendules, coupes, candélabres bronzés, dorés, mélangés de marbre et d'onyx.

Maison Robin

Quelques montures de cristaux de lampes. Une grande jardinière dorée, bien décorative, deux candélabres bon commerce.

Maison Brichon

Quelques pièces de style.
Des choses aussi de fantaisie, couleur bronze, mélangées de dorure et argenture sur la même pièce.
Résultats aussi bien qu'on est en droit d'exiger de choses vendues à prix moyens.

Maison Hottot

Produits peinturés à effets tapageurs; fabrication en rapport avec les prix de vente.

Maison Bogaert-Boutron

Très-bonne fabrication, dont plusieurs morceaux, en tant qu'aspect, étaient peu distants du bon bronze.

Maison Foubert

Rien d'extraordinaire.

Une de ces petites fabrications bien en rapport avec la spécialité.

Maison Bouttier

Dorure mate; bruni, émaux, mélanges visant aux effets tapageurs.

Modelés goût douteux.

Maison Rigolet

Une petite fabrication de choses bon marché ; quelques modèles agréables à l'œil.

Bon travail relatif aux prix.

Maison Grosset

De très-jolies choses, d'aspect très-fini ou plutôt très-doux. Sujets de chasses.

Cavalerie, Écritoires, etc., etc.

Maison Girard

Genre charge ; de très-drôles choses.

Maison Lebrun

Zinc doré mélangé aux émaux sur porcelaine. Bonne petite fabrication pour cette spécialité.

En conclusion : le zinc est en progrès sur les expositions précédentes.

Quelques creux des meilleures pièces, que nous avons visités, étaient traités d'une manière très-remarquable pour le fini, le modelé, l'ensemble de rapport du tout, puis aussi pour la manière dont ce tout arrive fondu, avec des portées, des repaires exacts pour monter ensuite la pièce.

Cette fabrication se joue maintenant des difficultés de dépouilles, qui arrêtaient autrefois cette spécialité.

Les obstacles de l'origine de cette industrie sont solutionnés à peu près partout.

Les alliages aussi donnant plus de liquidité ont contribué pour une bonne part au bon résultat obtenu.

La maison Grosset fabrique même presque tout à l'étain.

STATISTIQUE

ZINC ET COMPOSITION

Il a été exporté (année 1866) pour 1,877,020 francs. Avec les acquisitions de l'intérieur, le commerce de cette année a pu s'élever à la somme de 3,000,000 de francs, ce qui a dû occuper cinq cents ouvriers dont la moyenne du salaire annuel est de 1,400 francs par travailleur. Le total général du salaire a donc été de 700,000 francs.

Quant aux bénéfices de fabrication, ils varient selon le genre des objets fabriqués : de là naît la difficulté de pouvoir les établir.

Cette industrie, par la perfection de ses procédés, est arrivée à donner ses produits à très-bon compte, ce qui, à l'avantage de tous, a démocratisé le luxe d'ameublement.

Le chiffre d'importation de cette année 1867 a été de 228,352 francs.

FONTE DE FER

Les quantités énormes de grandes et moyennes figures en fonte de fer, dont les modèles ont été faits à Paris par les premiers sculpteurs de la spécialité, Jacmart, Salmson, Piat, Mathurin Moreau, Diebolt, Chatrousse, Liénard et beaucoup d'autres encore, affirment l'extension prise par cette spécialité. Rien que les noms des pièces exposées par les maisons Barbezat, Durenne, Ducel, rempliraient plusieurs cahiers du volume de ce rapport :

monuments de toute sorte, fontaines, autels d'église, chapelle tout entière, figures de saints, de vierges, de nymphes, d'amours, etc.

Cette extension, faut-il la regretter ? Non. Le bronze sera toujours le bronze ; nous voulons dire que cette exubérante production de fonte de fer ne fait pas tort à notre spécialité. Le produit ne s'adresse que rarement au même usage ; et comme ciselure, car ici c'est surtout le point de vue auquel nous devons nous placer, comme ciselure, il faut bien en convenir, cela a fait faire beaucoup de modèles ciselés pour cette industrie. Cela, jugé brièvement, c'est une corde de plus à l'arc de la ciselure, du travail pour nous là où il n'y en avait pas.

CISELURE REPOUSSÉE SUR PLOMB ET SUR CUIVRE ROUGE

Maison Monduit et Bechet

PLOMBERIE ET CUIVRE DE TOITURES D'ÉGLISES GOTHIQUES
ET AUTRES.

Cette maison est celle qui a fait la grande figure repoussée de *Vercingétorix*. Ce genre de repoussé au marteau est une des choses que les anciens faisaient très-bien et que nous faisons mieux qu'eux. Toutes les belles choses de cette maison, grands anges, œils-de-bœuf, crête pour la chapelle de Pierrefonds, ainsi que les grands vases de plomb appartenant à M. de Rothschild, sont de bonnes choses bien exécutées, très-décoratives ; de belles gargouilles, sur les dessins de M. Viollet-Leduc, de M. Lefuel; un magnifique masque de l'ornementation des dômes du nouvel Opéra; des clochetons et beaucoup d'autres choses très-bien réussies. Des éloges. MM. Monduit et Bechet ont eu deux médailles d'or : c'était justice.

CHEMINÉE EN FER REPOUSSÉ

Maison Jacquinet et Laperche

Une splendide cheminée d'appartement, toute en fer repoussé à l'emboutissage ; exécution de grande difficulté bien vaincue.

La délégation de la ciselure de Paris, en voyant tant de grandes récompenses égarées souvent, témoigne de l'incompétence de ceux qui ont jugé cette pièce sans lui donner la moindre récompense.
(15 et 17, rue Grange-Batelière.)

ARMES

Les armuriers avaient peu de fusils à garnitures et batteries ciselées que nous n'ayons vus à Londres. Nous parlerons cependant, et parce que nous l'avions oublié, d'un très-beau fusil à deux coups, composé et exécuté de ciselure prise sur pièce par M. Penel, exposé par M. Brun, armurier.

ORFÉVRERIE , BIJOUTERIE DAMASQUINÉE D'OR SUR FER

La maison Baugrand (Paris), orfèvre, joaillier, bijoutier, avait de très-jolies choses, de très-grand goût, de distinction, ce qui est plus rare qu'on ne le pense. Des jades, des cristaux de roche et beaucoup de magnifiques choses appartenant plus à l'art du joaillier qu'à celui du ciseleur.

Mais, en ce qui nous concerne, une petite pendule toute mignonne, style Renaissance, en or émaillé. Cette pendule, qui a fait un certain bruit dans le monde des riches amateurs, n'était cependant qu'une chose moyenne ; elle manquait par le modelé, par la disposition du style, mais surtout par l'émail ronde bosse, qui n'était qu'une imitation très-distante des rares morceaux que nous ont laissés les grands artistes de la Renaissance.

Cette ciselure a été faite par Honoré.

Maison Calliat (1)

La maison Calliat (de Lyon), avait une belle exposition qui distançait souvent celle des orfévres églisiers de Paris. Crosses, calices, burettes, ciboires, chandeliers d'autels, tabernacles, châsses,

(1) Les maisons Cristofle, Poussielgue, etc., ont été, par l'importance de leur exposition de bronze, classées dans cette dernière spécialité.

croix et bâtons de croix, patènes, agrafes de chasubles, etc., etc. Presque toutes ces pièces enrichies d'émaux cloisonnés byzantins. Le travail sur or et argent mélangé de pierreries de couleurs ; l'ensemble de cette exposition était en plus imprégné d'une certaine délicatesse qui faisait certainement défaut à la plupart de ses concurrents.

La statuette de saint Pierre, haute d'à peu près 90 centimètres, modelée par M. Dufraine, à Lyon, exécutée argent, les bords du manteau aux dessins d'or, n'avait pas sa pareille dans l'orfévrerie religieuse : simple, large, bien modelée, bien drapée.

Un tabernacle dessiné par M. Franchet, à Lyon, quoique avec de petites variantes dans le style, était d'un bel effet. Les figures, drapées d'argent rehaussé de dessins dorés ; les ornements, mélangés d'émaux. La grande croix byzantine qui occupait le milieu du tabernacle était une très-belle chose ; le Christ d'ivoire et la Vierge dessous étaient d'un bon aspect, et bien qu'ils soient l'un et l'autre d'un style un peu plus près de nous, nous ne saurions blâmer la disposition pour avoir évité de mettre cette sorte de magot, à caleçon de brasseur de bière, qu'on nomme un Christ du douzième siècle. Le pied de cette croix était très-bien réussi, très-décoratif.

La ciselure de toute cette exposition était très-soignée, tant sur les pièces fondues que sur celles repoussées.

Maison Caylar et Bayard (Paris)

Orfévrerie de table, de commerce, traitée proprement ; ciselure moyenne, plateaux tracés matis d'un bon effet.

Les pièces les plus riches en guilloché, la ciselure sur les réchauds, les anses à théières, poignées et bordures de plateaux de table, ciselées en raison des prix.

Maison Duponchel (Paris)

De jolies choses, services de table, bon goût, mais rien de nouveau ; plusieurs petits objets bien ciselés par Honoré.

La coupe en cristal de roche, dont les ornements ont été émaillés par Lefournier. Cette pièce assez ancienne est une chose réussie d'émail, mais très-moyenne de ciselure.

Très-belle fabrication, mais presque toujours élevée jusqu'à l'art.

Services à thé repoussés sur des formes arabes.

En somme totale, beaucoup de bonnes choses en ciselure, mais rien de transcendant.

Messieurs Fannière frères

Médaillés collectivement, décorés l'un et l'autre ; sont si connus de nous tous pour les beaux travaux qu'ils ont faits, que cela nous dispense d'une appréciation que chacun de nous, comme ciseleur, a pu faire ou a été à même de faire.

Dans leur vitrine étaient beaucoup de très-jolies choses : une ravissante petite statuette de femme tenant une draperie flottant au-dessus de sa tête.

Le plateau, les deux verres et le pot à bière en argent repoussé, achetés par l'Empereur.

Une bonne ébauche d'un bouclier en fer repoussé, sur un thème du *Paradis perdu.*

Un joli petit groupe de deux enfants jouant avec une chèvre, bien composé ; excellente exécution.

En fer repoussé, leur beau bouclier terminé, sujets tirés de l'Arioste, Roland le furieux.

Deux bien beaux légumiers d'argent sur leurs réchauds, le tout splendidement composé, exécuté. On peut faire autrement, mais on ne peut pas faire mieux.

Beaucoup de petits morceaux à différents usages, bracelets, broches en fer, en argent, coupes, cachets, plusieurs vases, deux belles salières, puis aussi deux beaux candélabres renaissance, en argent fondu, très-distingués de forme et d'exécution.

Beaucoup de très-fine ciselure sur breloques, broches, cachets, bagues, petits coffrets, etc., etc.

Dans la section d'horlogerie française, le chronomètre de l'Empereur, composition, modelure, ciselure, entièrement de MM. Fannière ; la ciselure de ce chronomètre est une chose très finie.

En conclusion, le rendu de leurs objets d'art est très-imprégné de bon goût, de distinction dans la forme, le modelé, les profils ; et leur ciselure fait honneur à l'école parisienne.

Maison Froment-Meurice.

Des pièces de toute nature, coupe, boîte, coffret, album, plateau, bougeoir, verre d'eau, jardinière, réchaud de table, ciboire, calice, brûle-parfums, salière, aiguière, buste de l'Empereur, vase à fleur en argent, pendule dont les chairs des figures sont en ivoire et les draperies en métal doré, statuettes, bijouterie ciselée, articles de table, cachet, couteau à papier, flacon à odeur, glace à main, bénitier à croix de cristal de roche enrichi de ciselure, d'émail, application d'or ciselé sur cristal de verrerie, le fameux petit vase émaillé sur cristal de roche, le tout d'une exécution très-précieuse, quelquefois un peu maigre comme effet décoratif, conséquence de la quantité de détails très-menus souvent de beaucoup de morceaux, où le bijoutier, le joaillier ont eu trop d'influence sur le parti pris de l'aspect général.

La maison avait des choses de style, mais dans beaucoup de ses pièces d'art elle relève des fantaisistes.

En ce qui concerne la ciselure, on n'a rien ménagé; dans une telle quantité de choses, certaines pièces sont mieux réussies que d'autres, mais partout on sent les efforts faits pour soutenir la réputation de la maison.

Dans les choses de moyenne grandeur, peut-être un peu pauvrettes, maigres, de petites rigueurs de parallélisme poussées souvent du côté de l'absolu pour idéal ; puis aussi quelques allures de figures, de draperies, sont fatiguées, manquent de ce beau jet net.

Buste de l'Empereur pour un salon à l'Hôtel de Ville de Paris. Ce buste, sculpté dans une aigue-marine, est posé sur un pied de jaspe sanguin et d'argent; il se détache sur un fond de jaspe rouge orné de clous de perles et d'étoiles de topazes, et bordé d'un rinceau à rosaces d'améthystes ; à droite et à gauche, assises sur des consoles, deux femmes appuyées sur des enfants personnifient la Paix et la Guerre ; les nus sont de cristal de roche brun, les draperies d'argent. Dessin de M. Baltard, sculpture de M. Maillet.

Tout en admirant l'aigue-marine, excessivement rare par sa grosseur, nous ne sommes pas très-passionnés pour l'ensemble de cette pièce qui papillotte partout; cette auréole clinquante n'enlève pas le buste, elle le tue plutôt. D'autre part, nous avons peine à comprendre, à propos de ce cristal de roche enfumé, comme on le nomme ordinairement, qui est noirâtre transparent (de l'encre étendue d'eau), qui, ici, est de vilaine qualité, ce qui a presque toujours lieu dans ces grosseurs, ce que l'on a voulu se proposer en en faisant les nus des figures de la Paix et de la Guerre.

Nous aurions tout au plus compris (et encore!) le cristal de roche noir pour faire une figure représentant l'Afrique.

Une grande coupe cristal de roche, avec deux vases également en cristal et faisant candélabres, supportés par des centaures et des centauresses, ces trois pièces sont d'un bon effet. La ciselure en est bien, et l'ensemble des vases comporte un tour de force très-bien réussi des anciens maîtres en notre art.

Nous voulons dire que c'est une chose excessivement rare qu'un beau morceau de cristal de roche de ce volume ; aussi, cet ensemble de volume n'est-il qu'apparent. Le cristal est de plusieurs morceaux rodés, polis, goujonnés avec du cristal de roche également poli, de manière à dissimuler le plus possible les joints par la transparence d'abord, puis aussi par une ornementation feuillée qui vient de préférence se jouer sur les endroits que l'on veut dissimuler.

En tant que réussie, cette pièce était au-dessus de tout éloge, et était seule que nous sachions à l'Exposition.

L'Empereur l'a achetée.

La magnifique petite aiguière en cristal de roche émaillé était certainement l'une des pièces les plus rares de l'Exposition, rare même pour la curiosité des grands amateurs.

Que de choses n'a-t-on pas dites devant ce petit vase ! Comme il fait partie des travaux de nos anciens maîtres, nous allons décrire la marche suivie dans ce rare travail, ne fût-ce aussi que pour la rectification des quantités de sornettes que nous avons entendu dire devant lui.

Tout d'abord, le cristal de roche est un produit de la nature, qu'il ne faut pas confondre (ce qui arrive à beaucoup), avec le cristal des verriers. Le cristal des verreries se fond, se liquéfie, se laisse souffler pour faire ces pièces que nous connaissons tous. Sa vitrification (sa fusibilité) tient à des fondants variés en dosages, comme ceux de nos soudures.

Mais le cristal de roche, qui est un oxyde pur de silicicum, est infusible aux températures les plus élevées de nos fourneaux d'industrie.

En plus, comme c'est une pierre cristallisée, sa formation a retenu de l'eau de cristallisation, et il en résulte que, mettant un morceau de cristal naturel dans un bon feu, cette eau, mêlée par atomes avec le corps lui-même, se trouvant chauffée, se dilate, fait ce qu'on nomme en science chambre de vapeur, pousse en tous sens et fait éclater par sa force de dilatation les cloisons dans lesquelles elle se trouve emprisonnée.

Ceci étant posé se résume à dire que l'on ne peut pas mettre le cristal de roche au feu.

Il faut prendre un biais, mais tout d'abord il n'est pas toujours possible de procéder sur une grandeur donnée ; il faut presque toujours, pour les morceaux d'une certaine grosseur, se résigner à la grosseur du morceau de cristal que l'on a pu se procurer. Qu'il soit pur, n'ait ni fendillé, ni neige, ce qui est plus rare qu'on ne pense ; puis à la taille il se révèle souvent encore des défauts, que même avec la transparence de la pierre on n'avait pas aperçus. Alors l'on arrête la forme sur le volume dont on peut disposer, et de là découlent bien des dispositions qui ne sont pas toujours celles que l'artiste aurait voulu donner à sa pièce.

D'un autre côté, si le cristal a de la dureté à la fusion, il n'a pas moins de dureté lorsqu'il s'agit d'attaquer la sculpture de la forme que l'on veut lui donner ; il est de beaucoup plus dur que le meilleur acier trempé, aussi l'acier est-il tout à fait impuissant pour le travailler. Il faut le lapider, c'est-à-dire le creuser, le former aux roues des lapidaires, lesquelles roues, de toutes formes selon les besoins, sont saupoudrées d'émeri semblable à celui de nos papiers ; l'émeri ayant plus de dureté que le cristal de roche, agit sur lui d'une manière que l'on doit facilement comprendre, mais lentement ; dans les choses délicates, il faut surtout ne rien brusquer. Un écart de brusquerie quelquefois coûte fort cher. Nous avons vu l'autre jour casser net une vasque de coupe en cristal, de douze mille francs, sur laquelle on lapidait depuis plus de six mois.

Mais revenons à ce petit vase qui, ayant le collet très-étroit, présentait pour l'évider à l'intérieur une difficulté énorme, celle d'entrer des roues presque du diamètre de l'intérieur par le trou du collet, gros comme le petit doigt.

Aussi le collet n'est-il rapporté que pour faciliter l'évidage intérieur ; la monture de ce collet sur la panse constitue déjà l'une des conséquences de ce genre de travail difficile, délicat sur toute la route ; le pied et l'anse, également rapportés dans une admirable entente d'ornementation, de solidité et surtout de dissimulation, car le travail a pour but autant que possible de laisser supposer ou mieux de faire croire que le tout est d'un seul morceau. Après tant de soins, nous n'en sommes encore qu'au prologue ; nous n'avons que la charpente sur laquelle il va falloir vaincre des difficultés d'un autre ordre, difficultés très-grandes, car si les maîtres de la Renaissance nous ont laissé de magnifiques échantillons du genre dans les plus riches collections des grands amateurs que nous avons visitées, et au Louvre, si riche de belles choses en cristal de roche, nous n'avons jamais vu que des surfaces planes, des sortes de plaques, mais nous n'avons jamais rencontré d'émaux d'incrustation sur des pièces de la forme de cette admirable petite aiguière. Les Indiens ont bien des incrustations de pierres fines sur jaspe, sur jade, sur cristal de roche; mais ce travail ne saurait être comparé à celui des émaux par la raison que la monture de rubis, saphir, diamant, n'est pas une affaire de feu, mais seulement de sertissure, de joaillerie, ce qui est bien différent.

La pièce étant préparée ainsi que nous l'avons dit, la grandeur de toute chose étant déterminée d'une manière positive, immuable, si l'on peut dire ainsi, alors sur une forme exactement semblable on détermine la composition de l'ornementation, puis la disposition si délicate, si variée, qui exige tant de goût, l'entente des couleurs de l'émail, leur opposition (l'art de faire valoir *noblement*, comme disaient nos maîtres, les couleurs les unes par les autres).

Puis alors le dessin arrêté, le vase est remis à nouveau dans les mains du lapidaire, qui grave d'un bon millimètre de profondeur tout le dessin qui a été arrêté. Cette gravure, qui se fait au tour avec de petits disques de fer doux saupoudrés d'émeri, mais mieux de poussière de diamant pulvérisé et d'un peu d'huile, est faite avec des roues dont le diamètre a quelquefois moins de trois millimètres. Indépendamment de la justesse, de la pureté du dessin, cette gravure étant destinée à recevoir l'or d'incrustation, est faite à queue-d'aronde, en d'autres termes, est plus large dans le fond que sur le dessus, pour que l'or disposé en conséquence ne puisse plus sortir quand on voudra le fixer définitivement; car là, pas de colle, pas de soudure ; l'orfèvre, le bijoutier ou le ciseleur, ce qui était tout un autrefois, prépare l'or d'ornement dans chaque cloison. Le génie du travail consiste surtout à rompre le sens de continuité des morceaux qui seraient trop grands, qui en conséquence joueraient davantage au feu et sont moins sujets à l'écart par fractionnement que par grandes parties. Chaque pièce, étant ajustée avec beaucoup de soin à la place qu'elle occupera, est ensuite chanlevée légèrement pour faciliter l'émail à ne pas déborder, le plus souvent règne tout autour un très-fin filet d'or qui la cloisonne, l'expression n'est que juste, puis encore on flinque ; c'est faire des sens de taille au burin, à l'échoppe, pour faire valoir les émaux transparents, qui acquièrent de ce flinqué des effets très-agréables à l'œil en même temps qu'ils donnent de la solidité, de l'adhérence à l'émail qui, dans sa fusion, va se gripper dans les tailles et y acquiert bien plus de solidité qu'il n'en pourrait prendre sur une surface unie ; l'or surtout, dont la porosité est très-serrée, ainsi que l'indique sa grande pesanteur.

L'or étant disposé, chaque petit morceau est émaillé séparément, selon les couleurs arrêtées sur le dessin colorié, puis chacun représenté à la place qu'il doit occuper, afin de s'assurer si les dilatations des émaux, qui, en raison des oxydes qui les colorent, n'ont presque aucun la même constitution, ont pu jouer par dilatation, par rétraction. Telle coloration que l'on amènera au degré de fusion que l'on voudra quand on connaît son affaire, est rétive sur le chapitre des dilatations relatives à la matière métallique, etc., etc., etc., et à ce sujet nous avons toujours ri des termes de dilatation, de vitrification à l'Annuaire du Bureau des longitudes, dilatation dans des températures de 250 degrés centigrades, lorsque les bons émaux ont des fusions avoisinant 900 degrés.

Chaque pièce qui s'est déformée est à recommencer, car pas possibilité de forcer pour la redresser : l'émail sauterait, le cristal serait bien pire.

Enfin quand tout est ajusté, affleuré, poli, remis en place, la disposition de l'or préparé pour s'élargir dans la gravure queue-d'aronde du cristal, est fixée définitivement.

Il ne reste plus qu'à l'exposer à l'admiration de quelques hommes qui savent ce qu'il faut de talent, de patience, pour mener à bien un pareil travail ; à l'exposer aussi aux balivernes de ces bonnes gens qui pullulent dans les ventes de l'hôtel Drouot, amateurs tranche-tout qui se prennent sérieusement pour des experts, cherchent le beau, non par le beau, mais par la date, vont niant les travaux de leur époque parce que c'est de bon genre, mais plus encore parce que la longueur de leurs oreilles leur tombant sur les yeux les empêche de voir les belles choses souvent incomparables de leurs contemporains.

Ce petit vase a été acheté par le duc de Montpensier.

Marel fils (Paris)

La maison Marel avait beaucoup de choses que nous avions vues aux Expositions antérieures de Paris, de Londres, même à l'exposition rétrospective il y a trois ans. En nouveautés nous concernant, la maison exposait une grande jardinière de surtout avec ses candélabres (style turc).

Quelques bonnes pièces, mais plusieurs choses d'un goût peu français.

Une magnifique tabatière aux incrustations d'ors de couleur, les figures argent, les draperies or, les fleurs ors variés, ciselure très-bien réussie pour l'effet, le fini et le dessin de composition.

Le grand vase, le Suffrage universel, n'est pas une chose réussie ; il est un exemple de ce que peut donner la même note toujours répétée, le résultat est monotone. Le génie, le difficile en ciselure, est variante.

Nous ne parlerons pas de cette grande surface repoussée (dite la pancarte) et représentant la bataille des Amazones, *d'après* Rubens ; cette chose fut faite en bronze par la maison, sur un vase, il y a au moins vingt ans. Plusieurs jolies petites choses en bijouterie ciselée.

Maison Mousset

Cette maison, dont la spécialité est l'orfévrerie de table, exposait beaucoup de choses généralement bien traitées.

La ciselure est faite par les bonnes mains de la profession, en raison des prix comme partout.

C'est cette maison qui, tout en continuant sa fabrication d'orfévrerie au titre (du contrôle), fabrique en plus, avec le nouvel alliage de M. Ruolz, le *tiers-argent*.

Maison Odiot

Cette ancienne maison, dont la spécialité est l'orfévrerie de table, exposait beaucoup de pièces bien exécutées. Le style Louis XIV dominait. Le travail de ciselure est soigné, très-soigné sur certaines pièces ; s'il ne donne pas des effets imprévus, la cause en est au style.

L'ensemble des choses exposées par cette maison n'apportait que peu de nouveau, si ce n'est un surtout de table, composé d'une grande coupe de milieu et de ses deux candélabres, appartenant à M. Petin, le grand forgeur des temps modernes, l'une des gloires de la France comme ingénieur, ayant donné des résultats immenses : grandes machines en tout genre, outillage de géant, pilon à forger les roues de locomotives en acier d'un seul coup, lesquelles ressortent par un autre côté trempée et polies, etc., etc. En un mot, si le Vulcain des mythologues cuirassa Achille, M. Petin a blindé d'acier une grande partie de notre marine nationale, et la composition de ce surtout a eu pour but de rappeler tout cela.

Par l'habitude que nous avons de voir des choses gracieuses dont les éléments de construction sont le plus souvent la femme, l'enfant, les fleurs, de cette composition, dans laquelle ne figurent uniquement que les ouvriers des hauts-fourneaux, le mécanicien, le mineur, le fondeur, etc... le laminage, les produits de forge, les grandes choses des chemins de fer, du blindage des vaisseaux, au premier coup d'œil, l'aspect général en paraît étrange et rappelle un peu le genre anglais.

Le socle du morceau principal est très-bien fait. La vasque manque d'allure, puis il eût mieux valu que les ornements des candélabres ne fussent pas composés avec ces petites palmettes de style grec, néo-grec, qui n'avaient que faire là. Nous aurions voulu voir à cette place quelque chose de plus moderne, de plus français, puisque le dernier mot de la devise gravée sur le pied est : *Patrie*.

Comme composition, nous pensons que l'aspect de la poésie du travail, du travailleur, demandait une autre mise en scène ; les figures sont belles, mais prises séparément ; leur groupement manque d'harmonie, il y a de regrettables duretés d'ensemble.

Le mineur est magnifique, c'est bien la force au repos, la puissante organisation du vrai mâle ; mais, s'il faut tout dire, nou saurions mieux aimé voir la vasque de la coupe faite de la conque d'un vaisseau cuirassé, puis les travailleurs qui ont concouru à sa production l'élevant sur leurs bras puissants, la lancer gigantesquement à l'immensité des mers, faire l'ornementation avec l'outillage et les produits de la spécialité.

Mais si nous avons jamais *à nous* ce que nous devrions avoir depuis longtemps, une école de composition, n'oublions pas d'y inscrire en grosses lettres que le *travail* doit être représenté en action ; représenter le travail assis, au repos, est une contradiction qui inverse l'idée que l'on veut produire.

Enfin, quoi qu'il en soit, saluons la tendance. Si parfois, à la lueur d'un éclair d'avenir, nous avons entrevu les pionniers du travail remplaçant les conquérants de l'ancien monde, puis aussi les puissants fils du dix-neuvième siècle déblayant la voie, apportant leurs gigantesques solutions au patrimoine de l'humanité pour le bien de tous, nous sera-t-il donné de voir l'art aussi, quittant les sentiers rebattus de la niaiserie, de la stérilité mythologique et des batailles, aborder résolûment la glorification du travail, relever ces grands martyrs de l'idée, les Palissy, les Papin, les Fulton et cent autres qui souvent moururent de faim, dont la persévérance, les veilles, nous léguèrent ces grandes choses avec lesquelles le monde nouveau se meut, et qui ne recueillirent de leur vivant qu'ingratitude aveugle, tribulations, misère! Que notre art fasse des parchemins de bronze, d'argent, à cette noblesse de tous les pays, il n'est que temps ; lorsque la civilisation, sur toute la ligne, liquide la vieille société, pourquoi donc l'art continuerait-il à s'escrimer sur des thèmes qui auront fait leur temps aussitôt que nous le voudrons bien ?

M. Rocou (Paris)

Comme la vraie Damasquine d'or, d'argent, sur fer et acier, est de la ciselure qu'il ne faut pas confondre avec les dessins de dorure à la pile et autrement, n'oublions pas de mentionner M. Rocou (Paris), qui est certainement la première main dans ce genre. Encore un de ceux qui ont fait des quantités de ravissants travaux enclavés dans *les œuvres* de ceux qui ont toujours eu la bienveillance de signer le tout et de se faire ainsi récompenser pour lui... en l'englobant.

Maison Veyrat (Paris)

Beaucoup de choses; une bonne fabrication de table, quelques pièces faites avec soin, mais une plus grande partie faite commercialement, nous voulons dire pour les prix de vente.

Un surtout Louis XVI, mené de manière moyenne en tant que ciselure. Une très-jolie statuette de Ganymède (bronze), à coup sûr l'une des meilleures choses de l'Exposition.

Maison Viesse (Paris)

Orfévrerie, bijouterie, objets d'art. Une fabrication très-soignée d'exécution, depuis la pièce d'orfévrerie de table jusqu'au bijou microscopique; beaucoup de choses ciselées par les premières mains; de ce nombre, la belle épée du maréchal Mac-Mahon, duc de Magenta, laquelle épée figura à l'Exposition de Londres.

STATISTIQUE D'ORFÉVRERIE

—

L'orfévrerie d'argent massive, plaquée ou argentée, donne lieu en France à une fabrication annuelle de plus de 45 millions (en ne tenant pas compte de divers articles qu'on n'a pu relever). Ce chiffre de 45 millions se divise comme suit :

Orfévrerie plate et ouvragée, argent massif. . .	14 millions.
Couverts d'argent massif.	9 »
Orfévrerie argentée.	10 »
Plaqué.	4 »
Bijouterie d'argent ou argentée.	8 »
Total. . . .	45 millions.

(Étude de statistique à propos de l'alliage de M. Ruolz, le *tiers-argent*).

BRONZE FRANÇAIS

Maison Barbedienne

On comprendra aisément que la description de cinq à six cents pièces n'est pas chose possible dans le cadre restreint de ce rapport ; mais nous devons dire que, quelle que soit la pièce des divers genres traités par cette maison, toutes sont traitées avec un soin hors ligne et un rare bonheur de superbe réussite.

Trois pièces uniques à l'Exposition, dans notre art de ciselure, étaient un coffret, un vase acheté par Kensington, une coupe, le tout fait d'incrustation d'argent sur bronze et de bronze sur argent, avec des argents bordés d'or et or seul.

Comme travail d'incrustation, allant de dehors en dedans de la pièce, la coupe était un chef-d'œuvre de difficulté vaincue et de délicate ciselure.

Le vase, haut de trente-cinq centimètres, était de même facture que la coupe, ainsi qu'un coffret ovale ; la composition, l'exécution de ces trois pièces rivalisaient à qui mieux mieux, et nous résumerons l'enthousiasme que nous éprouvâmes en les visitant, en disant que, dans aucune collection des anciens si vantés, ni dans toute l'Exposition universelle, où les belles choses abondaient, aucun produit dans ce genre n'aurait pu leur être comparé par la raison que, dans le passé comme dans le présent, ces trois pièces étaient uniques.

Deux magnifiques vases-coupes de forme antique, en repoussé d'argent, étaient deux ravissantes choses faites par M. Atarge. Le travail qui était clair était remarquable à tous égards. L'une de ces deux coupes était ornementée avec des branches de murons sauvages, admirablement entendues. Ce travail, tout à l'outil clair, ainsi que nous venons de le dire, semblait plaider et conclure contre l'abus, l'emploi même du mat.

L'une de ces coupes a été achetée par le musée de Kensington.

Une belle pendule avec ses deux candélabres, style Louis XVI, or mat et marbre blanc. La composition de cette pendule était de M. Constant. La sculpture des figures, qui rappelaient Clodion, était de M. Robert, et la ciselure... on ne sait pas.

Une grande glace biseau, imitation de Venise, dont les extrémités de l'encadrement mesuraient au moins deux mètres. Ce cadre était aussi une splendide chose dont la composition est de M. Constant, la modelure de M. Carrier. Bien conçue, bien exécutée, la ciselure, qui ne le cédait en rien dans la part qui lui avait été dévolue, était de plusieurs mains; les deux figures du bas étaient ciselées par (ou chez) M. Poux ; les autres figures, ainsi que la partie très-ouvragée de l'ornement, on n'a pas su nous le dire.

Deux aiguières avec soucoupes sur un grand plateau en or repoussé, par M. Atarge. Cette pièce, qui était un travail d'orfévrerie, puisqu'elle était d'or fin en tout point, était une bien jolie chose comme ciselure, enrichie en plus de pierreries, émeraudes, rubis et rose (diamant sans table) ; le tout d'un très-bel effet.

Une superbe croix bysantine en bronze doré, émaillé de couleurs variées et rehaussé de cabochons de grenats fins, paillonnés dessous pour donner de l'éclat, aviver l'effet qui était trèsbien.

Deux flambeaux Louis XVI, en argent fondu, puis une petite cassolette, remarquable comme fine délicatesse de ciselure, par M. Atarge.

Le petit Chanteur vénitien, de M. Dubois : cette figure, qui eut le grand prix d'honneur à une exposition des beaux-arts, est une chose trop connue de nous tous pour que nous ayons besoin de la décrire. La ciselure du modèle a été faite par M. Lagrange, un ciseleur qui eut le prix de Rome, à l'École des beaux-arts, il y a quelques années, pour le concours de gravure en médaille (encore un avis à ceux qui sont de taille et d'âge à en tâter).

La figure du petit Saint Jean-Baptiste, qui fit connaître M. Dubois, est une figure d'une grande simplicité de moyens et nous la préférons au Chanteur vénitien, parce qu'elle a plus de souplesse que ce dernier. Malgré cette préférence dans la forme, ces deux figures sont deux beaux bronzes.

Deux grands vases Renaissance, faisant lampes (dessin de M. Constant). Les corps de ces vases sont en marbre d'aspect ancien genre, rouge antique, sur lesquels sont appliqués des ornements de bronze, or et argent, des masques, des guirlandes. Les anses sont des sortes de bustes de femmes avec des ailes déployées dont les extrémités prennent leur point d'appui au sommet du vase. Belle ciselure, belle réussite décorative; nous ne pouvons qu'admirer.

Cartel de style Renaissance, avec des émaux de Limoges. Cette pièce, à quatre lobes, était remarquable par la délicatesse du cadre métallique, de très-bon goût, de bonne exécution; très-finement ciselée.

Composition de M. Constant.

Deux très-grands vases de style persan, à émaux cloisonnés, très-bien réussis.

Émaux cloisonnés à la manière chinoise, trop de choses pour la description : des jardinières du plus grand goût, de différents styles comme détails, mais dont deux, de style indien, sont des spécimens des plus heureux de réussite dans ce genre, auquel la maison a ouvert un horizon qui s'élargira parce que ses produits surpassent de beaucoup pour l'effet les produits chinois d'à peu près même genre.

Une belle garniture de cheminée, dite Impératrice, vendue à M. Mathewus, le Rothschild américain.

Nous citerons cependant encore deux grands vases-lampes, ciselés par M. Atarge, et émaillés de deux bleus qui alternent à la manière cloisonné. Sur ces deux vases était un travail de chanlevé qui comportait une grande difficulté; il avait fallu régler à l'outil toutes les épaisseurs des cloisons qui ici ne sont pas soudées, mais prises sur pièce. Ces épaisseurs de cloisons sont dans la nécessité très-rigoureuse d'être très-régulières, sous peine d'être très-laides à l'affleurement de l'émail, qui peut prendre un millimètre et peut-être davantage et laisser apparaître les irrégularités, s'il y en avait. Ce n'est même que cette difficulté qui fait la supériorité des cloisons soudées, parce que les cloisons soudées étant du *laminé* posé sur champ à la soudure, selon le dessin, ont, quel que soit l'abaissement de l'affleuré, la même épaisseur dans le bas que dans le haut de la cellule appelée à maintenir les couleurs vitrifiées.

Seulement, dans les cloisons soudées le problème est autre, surtout pour émailler des pièces aussi grosses; les émaux ont besoin d'une certaine résistance à la fusion (de n'avoir pas trop de fondant); il faut, pour échauffer partout, une chaleur assez haute pour fondre l'émail, mais pas assez pour *dessouder* les cloisons, sans cela gâchis.

Certaines pièces chinoises ont quelquefois des cloisons soudées, lesquelles cloisons sont minces comme du fin papier à lettre.

En conclusion, tenant surtout compte des bronzes incrustés et de certains mélanges, la maison Barbedienne était à peu près la seule qui, en tant que bronze proprement dit, apportât des effets nouveaux. Dans le plus grand nombre de pièces hors ligne que cette maison exposait, nous considérons l'idéal de la fabrication comme atteint; on peut sans aucun doute ouvrir encore des voies nouvelles; mais dans les genres exposés par cette maison à la grande Exposition, nous ne pensons pas que l'on puisse aller plus haut.

Maison Bachelet (Paris)

Les bronzes de cette maison consistaient en lampes, croix, chandeliers d'autel, tabernacles, statuettes, etc., style sévère du treizième siècle, le tout d'un très-bon effet : ce qui ne surprendra personne, quand nous aurons dit que c'est M. Viollet-Le-Duc, l'illustre architecte qui a restauré Notre-Dame de Paris, qui fournit les dessins de cette fabrication.

L'orfévrerie de cette maison est aussi remarquable par la solidité des profils, qui sont aussi de M. Viollet-Le-Duc.

Là point de *néo*.

La langue archéologique dans sa vigueur, dans sa pureté surtout. Comme exécution, nous savons gré à M. Viollet d'avoir exigé le travail uni des anciens (sans mat, sans brettés). Aussi l'effet est bien différent de ce que font la plupart. Le travail reste calme, évite les effets tapageurs qui sont déplacés dans un style aussi chaste. Enfin l'exécution est bonne partout.

Quelques émaux cloisonnés bysantins.

Maison Bion

BRONZE, ARTICLES DE FOYER

Cette maison exposait des modèles de styles variés, amples dans la forme et d'une bonne exécution.

Maison Boyer fils et frères

Pendules groupées avec soin.

Nous avons remarqué le *Bonheur paternel*, par M. Moreau, sculpteur, d'une excellente exécution. Le socle, en marbre rouge d'Égypte, est garni de bronze style néo-grec. Ce socle, composé par M. Duponchel, est bien de composition.

Orphée, par M. Carrier, bel arrangement.

Maison Busson et Leroux

Bronze d'art, modèle moderne.

Nous citerons, par M. Marcelin, sculpteur, la *Douceur*, figure d'un grand mérite de pose et de forme.

Une pendule dite la *Vénus aux Dauphins*, en marbre blanc, le socle en bronze avec ornement découpé ; le fond du socle est en écailles, ce qui fait rendre, par la différence des couleurs, la pureté du dessin. Cette belle conception Louis XIV est de M. Rossigneux. La ciselure, faite chez M. Caron, est d'un bon fini, et de plus on ne peut mieux soutenue dans la forme.

Maison Cain

ANIMAUX BRONZE

Dans cette fabrication les oiseaux dominent. M. Cain diffère de ses confrères en ce que ses compositions forment des objets d'utilité, tels que coffrets, coupes, porte-allumettes, etc., le tout n'empruntant rien aux styles, mais à la nature.

Des oiseaux d'espèces différentes, très-variés dans les poses et groupés avec beaucoup de goût.

Le tout était plutôt réparé que ciselé ; mais cette réparure était bien comprise.

Maison Cana

ANIMAUX BRONZE

Nous avons remarqué un Combat de coqs ; les allures sont vraies, les ailes des combattants sont développées ; le plumage agité de ces animaux fait bien comprendre leur colère. L'aspect général de ce groupe était très-bien d'effet.

Maison Charpentier

Beaucoup de belles et bonnes choses en bronze doré, ce qui dit style Louis XIV, Louis XVI :

Trois lampadaires néo-grecs très-bien réussis.

Un beau trépied-jardinière, marbre, argent, or, bronze, d'un très-bon effet.

Plusieurs groupes bien traités de sujet, bronze d'aspect florentin.

Comme choses remarquables par leur indépendance :

Un beau groupe, que nous croyons être Didon et le jeune Ascagne ; ce groupe, rifflé dans les chairs, ridoursé dans les draperies, est très-bien.

Un beau vase néo-grec, bronze vert, or ; le vase marbre noir fileté d'or.

Deux beaux candélabres de femmes portant quinze feux ; ces figures, ainsi que les pieds qui les supportent, sont remarquablement réussis.

Maison Clavier

Articles de foyer en bronze :

Magnifiques chenets de tous styles, Louis XIV, XV, XVI, treizième siècle.

Beaux chenets François Ier.

D'autres encore, hiboux avec serpent, etc., etc.

Le tout remarquable par la bonne exécution, mais surtout par la belle ampleur décorative.

Maison Cornibert

Spécialité de garnitures et autres objets, le tout mêlé de porcelaine tendre, arrangée avec réussite.

CUIVRERIE, QUINCAILLERIE, ARTICLES DE BATIMENT

Ciselure convenable.

Lorsque notre collègue de la cuivrerie nous amena dans la spécialité de la quincaillerie, de la serrurerie, de la cuivrerie, nous fûmes bien surpris d'y trouver tant de choses en progrès de fabrication de bon goût. De la ciselure sur fer, sur bronze, le nouveau bronze d'aluminium, les bronzes dorés, le luxe parfois si avant, que dans les produits sont mêlés les marbres, même les émaux.

Espagnolettes, crémones, serrures, boules d'escalier, poignées, boutons de porte, etc., etc., étaient traités avec un goût très-décoratif.

Dans cette spécialité, qui avait plusieurs mille objets exposés, nous ne saurions entrer dans trop de détails. Réunissant toute la spécialité en un seul groupe, les produits de la maison Bricard et Gauthier se plaçaient au sommet pour la bonne exécution de leurs modèles, de leurs surmoulés qui, par le bon goût dans ce genre, marchaient de pair avec le beau bronze d'ameublement.

Il était regrettable là aussi, comme dans beaucoup d'autres endroits, que les fabricants des articles de bâtiment se fussent pour ainsi dire laissés déshabiller par les marchands de quincaillerie, et n'eussent pas pu ou su soutenir suffisamment un article qu'ils avaient créé et qu'ils auraient dû conserver avec plus de soin. Cet article, qui n'avait que quelques fabricants, avait une dizaine au moins de marchands qui exposaient.

CISELURE SUR OBJETS DE SERRURERIE

La maison de M. Huby, serrurier. exposait des produits hors ligne. M. Huby avait sur ses produits de la ciselure de première force, notamment sur une serrure de style Louis XVI que, dans notre appréciation, nous mettons sur le même rang que la belle toilette de même style exposée par la maison Christofle.

Quelques petites clefs de serrures pour bibliothèques et jaloux sont traitées à ce point qu'elles ont de 3 à 400 francs de ciselure prise sur pièce.

Cette maison a élevé la serrurerie à la hauteur d'objet d'art. Toutes les pièces sont dessinées, nous a-t-on dit, par M. Huby.

La ciselure de la serrure a été faite par Nantier.

Les petites clefs ont été prises sur pièce par Théodore Mainfroy.

MONTURES DE CRISTALLERIE

Généralement, les bronzes qui sont mêlés aux produits de cristallerie ne sont pas à la hauteur des beaux progrès de cette industrie. Quelques pièces font cependant exception. Ce que nous disons là s'applique à la grande manufacture de Saint-Louis.

Les bronzes de Baccarat sont bien mieux traités dans les choses

de fantaisies, dans les vases; dans les choses de style Louis XVI,
l'exécution est très-bonne, très-solide. Des éloges.

La cristallerie de Baccarat exposait aussi un grand surtout en
style Louis XIV. Les bronzes dorés qui garnissaient ce service,
composé de candélabres, de fruitiers, de corbeilles jardinières, ces
bronzes, disons-nous, étaient d'une bonne exécution, d'un effet
bien approprié.

Une observation : c'est que notre profession touche à beaucoup
plus d'industries qu'on ne le suppose généralement. Ainsi, à Baccarat, à Saint-Louis, à la grande cristallerie lyonnaise, la plus
grande partie des cristaux sont coulés, soufflés dans des creux soit
en cuivre, soit en fonte de fer ; tous ces creux sont retouchés par
la ciselure. Ces sortes de moules, que nous avons faits dans le
temps, sont en vrai progrès, ainsi que le prouvait le grand bénitier de cristal exposé par la cristallerie lyonnaise.

Maison Christofle

. La plus haute expression de l'article de table, sans préjudice
de beaucoup d'autres choses.

Aucune maison n'a poussé plus loin le soin apporté à ses modèles, à ses surmoulés. Croix d'honneur à M. Henri Bouillet.

La quantité si hors ligne des objets exposés n'était pas une
mince affaire pour choisir. Nous en laisserons, et des meilleurs.
Mais on peut prendre à tenant, encore, que quand notre délégation
arriva sur le terrain de sa mission, l'on avait retiré le grand surtout
de la ville de Paris, puis aussi un nouveau surtout très-beau, appartenant aux Tuileries.

Le travail de cette maison est presque toujours hors ligne.

Les éléments de parure des pièces sont nombreux : ciselure sur
fondu, repoussé, tracé mati; le guillochage, la gravure au burin, à
l'échoppe. Une manière nouvelle appartenant à la maison; des dé-
pôts filetés d'argent dans le bronze, jouant l'incrustation ; des effets
argent, or ou dorés, les deux mêlés ensemble; des brunis parfois sa-
vamment opposés aux mats. Puis aussi une patine spéciale, d'un
effet nouveau, et qui n'est que de l'or envoyé par la pile par-ci,
par-là, légèrement dans les fonds Cette patine reste solide, ne salit
pas les doigts, évince surtout cette sorte de crudité, si désagréable,
de l'argent à blanc.

Puis, comme travail, plusieurs moyens nouveaux que nous décrirons dans un instant pour l'importance qu'ils peuvent être appelés à prendre dans l'art déjà si complexe du travail des métaux.

L'une des plus belles choses de l'exposition de M. Christofle et de l'Exposition universelle était une ravissante petite table de toilette style Louis XVI, un chef-d'œuvre à laisser derrière lui les plus belles choses que Gouttière composait et ciselait pour Marie-Antoinette.

A propos de cette petite table, le catalogue de M. Christofle dit :

« Une toilette Louis XVI, composée par M. E. Reiber, architecte, chef de l'atelier de composition et de dessin de notre maison.

« La table, dont le dessus est en mosaïque composée de lapis de l'erse et jaspe du mont Blanc incrusté d'argent et d'ors de couleur, est soutenue par des cariatides et des pieds en bronze doré. La ceinture est ornée de frises de jasmin et lilas en bronze doré, montées sur des fonds de lapis de Russie. La glace est soutenue par deux colonnes porte-lumière auxquelles s'appuient deux figures, l'*Art* et la *Nature*, modelées par M. Gumery, statuaire.

« Les ornements sont modelés par M. Cheret; les petites figures décoratives par M. Carrier-Belleuse.

« Divers objets de toilette en argent, coupe à bijoux, boîte à poudre, à pommade et flacons, garnissent la table de toilette. »

Combien cette description est insuffisante à donner une idée de ce chef-d'œuvre, de la fermeté, de l'élégance, de la gracieuse coquetterie du dessin, du modelé, du fini précieux de la ciselure, de l'entente si harmonieuse des mélanges d'or, d'argent, des colorations des jasmins et des lilas, des incrustations d'or dans les larges plates-bandes d'une sorte de jaspe rouge, puis aussi de ce beau lapis de Perse d'un beau bleu outre-mer, enrichi de larges filetages de lapis de Sibérie, lequel, plus sombre, granité de blanc, enrichit encore les tons déjà si variés de ce beau travail ! Quelle distinction ! Avec quel savoir les tons criards, discordants, ont été évincés !

Pas de cette afféterie qu'on rencontre souvent dans les œuvres de l'époque.

Enfin, c'était bien beau !

Nous avons dit que dans le jaspe rouge étaient des incrustations d'or. Ces incrustations, admirablement faites, ne sont pas décou-

pées et posées à la main, ainsi que nous l'avions pensé avant que
M. Christofle ne nous indiquât lui-même *le procédé nouveau*
par lequel on les avait obtenues. Les dessins ont été chanlevés
dans le jaspe par le lapidaire (car la pierre est dure); puis ces
dessins, amorcés pour la conductibilité, ont été mis dans un bain
à dissolution d'or et emplis par voie galvanique, et quand le dépôt
a eu suffisante épaisseur, on a affleuré à la lime, poli, et le résultat
était prompt et parfait.

Puisqu'il faut dire notre opinion, cette manière de faire sera
toujours assez restreinte dans ses applications, et si pour l'ajustage elle supprime un peu les bras du travailleur, il y a des compensations; l'enrichissement forcé de tout ce que nécessitent des
pièces de la nature de celles dont nous nous occupons créera
toujours plus de travail que le galvano n'en supprime par cette
nouvelle application de l'électricité.

Le grand surtout appartenant à la Ville de Paris fut retiré de
l'exposition de M. Christofle pour servir aux fêtes que donna
M. le Préfet de la Seine aux souverains, princes et notabilités qui
visitèrent l'Exposition universelle.

Ce surtout fut remplacé, au Champ-de-Mars, par le surtout la
Paix et la Guerre, appartenant à l'Empereur, qui le fit faire en 1855,
où il figura à l'Exposition cette année-là.

Nous n'y reviendrons pas, parce que en tant que ciselure faite
par les hommes d'élite de notre profession, nous le supposons
connu de tous ceux qui nous ont délégués.

Cependant, comme il contient des choses qui font partie de
notre enseignement, nous profiterons de l'occasion qui nous le
met sous la main pour résumer seulement l'effet distributif de
sa composition.

Le grand groupe du milieu, la France sur un Globe distribuant
des couronnes, est entouré de quatre figures symboliques, la Force,
la Justice, la Religion, la Concorde. A droite et à gauche de ce
groupe, la Paix, la Guerre.

La figure de la Paix n'est autre chose que l'Agriculture, sorte
de Cérès, le caducée du commerce à la main, sur un char traîné
par quatre bœufs et chargé des moissons et des fruits de la terre.

La Guerre est la mise en scène de l'une des descriptions du
vieil Homère. C'est Hector, Ajax, ou mieux l'Achille français sur
un char antique traîné par quatre chevaux fougueux, le tout
animé de l'ardeur des combats.

La France, la Paix, la Guerre forment le groupe principal, groupe du milieu.

Les candélabres : Abondance, Richesse, Poésie, Gloire, Chimie, Physique, etc., Arts, Peinture, Sculpture, Gravure, Architecture.

D'autres figures groupées en candélabres et autres pièces complètent le service : ces figures représentent des Villes, des Provinces, la Bretagne, l'Algérie, etc.

L'ensemble général est sévère, large, bien décoratif, les chars surtout ; pas d'équivoques. Cependant l'aspect du tout est un peu lourd dans quelques morceaux et, d'après notre opinion, cela ne vient que du style, qui a des tendances au gréco-romain, et disons mieux, une sorte de bégaiement du style du premier empire que l'on voulait rappeler, que l'on ne voulait pas faire.

La Richesse, la Poésie, la Gloire, l'Abondance ont une roideur qui n'est plus de notre métier. Les ressources métalliques dont nous pouvons disposer n'ont pas toujours été bien comprises par M. Gilbert qui, dans beaucoup d'endroits, n'a pas fait de l'art français ; il a eu des roideurs de la sculpture du Nord. Si nous n'aimons pas la grâce d'afféterie, nous n'aimons pas non plus la sorte de servilité qui en est l'exclusion, croyant être sévère.

Malgré cela cependant, en résumé, ce service est très-décoratif par ses dispositions générales.

La ciselure, faite par les premières mains de Paris, a été remarquablement soignée.

Une ravissante cafetière en argent, style Louis XVI, repoussée par M. Michaux, qui a encore plusieurs autres pièces. Cette ciselure mérite de notre part une mention hors ligne pour la distinction de son effet, la pureté ferme et gracieuse du modelé.

Thé dit nénuphar, repoussé par M. Michaux. Ce thé, composé de plusieurs pièces, est une très-jolie chose, très-simple, bien rendue, repoussée fond argent. Les ciselures, dorées aux ors verts et rouges.

Le Seau des ivresses : la figure, de M. Horsin ; le corps du vase, repoussé par M. Douy. Une très-jolie chose.

Le coffret de Klagmann est la dernière œuvre de ce sculpteur ; c'est une très-bonne composition ciselée par Honoré. Il est seulement regrettable que l'on ait couronné ce coffret (sans doute après coup) du goupe du Centaure et Déjanire, emprunté à la *peinture* de Guide.

Sallières : les Ondines, modelées par Klagmann. Très-jolie petite chose bien ciselée.

Thé en argent repoussé (style grec).

Dessin do M. Rossignoux.

Tout l'ornement de ce service est fait avec des peaux de lions et d'autres bêtes. Le trépied de la théière est une chose très-bien. Le grand plateau portant toutes les pièces, tasses, sucrier, etc., est un spécimen d'incrustation or et argent dans le bronze par la pile. Aspect très-large, bonne ciselure, patine de cette légère dorure dont nous avons déjà parlé et qui, sur cette pièce, est on ne peut mieux à sa place : les poils des peaux se trouvent acquérir des tonalités qui étaient inconnues jusque-là.

Le sucrier Pandore de style Renaissance, repoussé par M. Horsin. Ce joli travail est très-bien, la Renaissance est un peu démodée, un peu Louis-Philippe.

Le thé du prince de Galles, ciselé chez Erdmann. Travail très-franc.

Divers travaux d'incrustation par la voie galvanique, notamment un thé de style chinois, un sucrier et d'autres pièces encore dont le bronze noir inscrusté de filetage d'argent, fait une imitation parfaite de certains bronzes de Chine que nous connaissons tous.

GRAND GALVANO

Quelques beaux spécimens de grand galvano de cuivre. Dans le jardin, il y avait le fac-simile d'une porte de la sacristie de Saint-Marc (Venise), d'une bien belle réussite.

Aussi dans le jardin, le grand Milon de Crotone, de Puget.

Puis l'une des figures du tombeau des Médicis, par Michel-Ange. Ces figures, produites par morceaux, sont remontés à la soudure puis ragréées.

Dans l'intérieur, la grande figure l'Ariane, de Millet. Ronde-bosse d'un seul morceau, la terrasse d'un autre.

La statue du Prince-Impérial avec son chien ; la figure de l'enfant d'un seul jet, le chien étant aussi d'un seul morceau venu à part et rapporté. Magnifique résultat, les modelés ont été bien traités.

Véritables émaux cloisonnés rivalisant et dépassant peut-être tout ce que les Chinois ont de mieux. Ces essais de cloisons soudées sont les premières pièces réussies, faites non-seulement à Paris, mais en Europe.

Splendide.

Il y avait encore, en ce qui nous concerne, une nouvelle application de l'électricité ; le travail produit tient une sorte de milieu entre la gravure à l'échoppe, le guilloché et notre simple tracé d'orfévrerie.

Une pièce ronde étant montée sur un tour spécial, après avoir dessiné les fleurettes ou autres choses qui resteront unies, ces réserves sont enduites d'une sorte de vernis isolant l'électro-magnétique. Le tour étant mis en action a devant lui un petit stylet, sorte de burin qui vient mordre sur les parties non vernies. Il mord par *attraction métallique*, mais sitôt qu'il arrive sur les endroits où le vernis isole la conductibilité, il respecte la place ; le courant étant rompu, l'attraction cesse pour reprendre aussitôt l'isolant passé.

Ce procédé, qui tient de la télégraphie, puis aussi des études du chevalier Bonelli (un savant italien), mis en pratique à la manière brève de cet aperçu, donne un joli résultat agréable à l'œil ; la taille ferme et légère est surtout d'une régularité à désespérer la main de l'homme.

Cette application électro-magnétique, bien qu'elle puisse en bon nombre de cas se substituer au tracé mati, n'est cependant pas, pour plusieurs raisons, une chose appelée à faire grand tort à la profession de ciseleur.

Nous avons revu (avant notre délégation) le grand Surtout de l'Hôtel-de-Ville de Paris. C'est une belle chose, unique, laissant à grande distance tous les surtout que nous connaissons.

Néanmoins, par plusieurs raisons, nous avions manifesté le désir de le voir isolé de tous les briots qui l'avoisinaient à l'Exposition (où il n'était plus quand notre délégation fut nommée), le voir dans la salle pour laquelle il a été fait. Nous aurions bien tenu à nous rendre compte des rapports de grandeur, d'ornementation de la salle, etc., etc. M. Christofle nous l'avait offert spontanément, mais une suite de circonstances contraires ne l'ont pas permis, nous le regrettons.

Il en a été de même pour un service aux Tuileries, qui n'a fait qu'apparaître à l'Exposition.

Enfin, il y avait encore des quantités de choses que nous sommes obligés d'omettre, notamment des prix de courses de chevaux, prix de concours d'agriculture, etc., etc.

Résumant l'ensemble de tant de choses, nous dirons que, sur toute la ligne des travaux si nombreux de cette maison, la ciselure de Paris a tenu encore plus haut le pacifique drapeau qu'elle avait développé à l'Exposition de Londres.

Maison Delafontaine

Cette maison a des modèles d'art, mais elle fait faire généralement la ciselure d'une manière courante, loin de l'exécution si précieuse faite du temps de M. Delafontaine père; néanmoins ce genre de faire a réussi à rendre plus facile la vente de ces bronzes, car la maison fait un commerce assez étendu.

Maison Denière

Beaucoup de choses décoratives en tête desquelles nous placerons une grande cheminée en marbre blanc et marbre rouge antique, garnie de beaux bronzes dorés entourant la glace et ornementant les pilastres sur lesquels sont assises deux grandes figures portant des lumières sur la tête. Cette belle pièce, d'un bon effet, d'une bonne exécution, a été achetée par le prince Charles de Prusse.

Plusieurs garnitures de cheminées style Louis XVI. Bon commerce, nous voulons dire proprement faits.

Quelques enfants grandeur naturelle (bronzé noir), assez laids de forme, portant des lumières sur la tête.

Une belle Diane Renaissance. Beaucoup de reproductions de bonnes et mauvaises choses (bronzées noir).

Deux grands candélabres Négresses à tunique d'onyx. L'une de ces deux figures est un assez bon type de mauvais goût et de manque aux proportions de construction en tant que figure.

Le joli groupe l'*Amour se confie à l'amitié*, dont la sculpture est de M. Carrier. — En ce qui nous concerne, la ciselure de ce groupe résume au plus haut point, dans les chairs, l'abus, l'exagération du chairé; le travail, d'une sorte de petit traçoir maigre sauté partout, a donné un aspect poileux, a fait des sortes de moirures en tortillons jusque sur les rotules, sans que nous ayons pu nous rendre compte du pourquoi. La ravissante jeune Fille qui représente l'Amitié a un tel abus de chairé, que la séparation de ses seins est ornée d'un magnifique effet de guenon. Et puisqu'il faut tout dire, surtout quand il s'agit d'abus, le nombril de l'Amour est traité par le chairé d'une manière si poilue que nous ne connaissons guère que la figure biblique d'Ésaü le poileux, celui qui vendit son droit d'aînesse pour un potage aux lentilles, qui eût titre à tant de poil partout.

A distance, l'effet disparaît. Ce groupe était très-bien à part cela et a été acheté par le musée Kensington, de Londres.

En conclusion sur la maison beaucoup de choses d'un bon aspect. Peu d'initiative.

Maison Descolle

Bronze luminaire.

Cette maison, entre autres choses, exposait une torchère-candélabre dont le corps principal est un vase en marbre noir garni de bronze style Louis XVI. Ce vase est soutenu par trois pieds de bouc, orné de trois guirlandes de laurier se reliant aux pieds de bouc. Le tout posé sur une base en marbre. Au-dessus des guirlandes sont de gros gauderons brunis, puis, en applique, trois têtes de femmes d'un bon aspect. Le collet en marbre de ce vase est ceint d'un tors laurier rattaché par trois nœuds de rubans; bien de style. Le sommet de ce vase reçoit une pièce à draperie pendante avec des glands, de laquelle sortent neuf branches porte-lumière dont le développement est gracieux d'aspect. Une lampe couronne le sommet, elle est entourée de feuillage. L'ensemble est parfait.

Maison Dietsch

Animaux Bronze.

Nous citerons une Chasse au sanglier ; le chasseur à cheval est bien groupé, cinq chiens attaquent d'une façon décisive le sanglier. Les poses diverses de ces animaux, l'action bien sentie de cette composition, en font un groupe qui intéresse.

Deux faisans hardiment posés sur des tertres accidentés, faits d'une manière large, étaient d'un très-bon effet. En général, cette maison a des œuvres assez bonnes.

Maison Dufour

Une magnifique fabrication comme entente et choix de jolies figures néo-grecques. Pénélope, la Femme au coffret, une Sapho. Un joli groupe du paysan qui a trouvé Daphnis ou Chloé. Deux porte-lumières, plusieurs petites statuettes et pendules soit dorées ou bronze.

Des éloges.

Les choses de style Louis XVI un peu moins bien d'exécution.

BRONZE D'ÉBÉNISTERIE

Que vous dire du bronze doré des meubles Louis XIV, Louis XV et Louis XIV en présence de tant de choses ?

Dans cette spécialité, la ciselure de Paris a tenu le drapeau de cette industrie à une hauteur qui ne peut pas être dépassée : nous voulons dire que nos produits dépassaient presque toujours les produits de ceux qui créèrent le genre. Alors, vouloir quoi ?

Maison Groé

Quatre grands meubles genre Louis XVI, très-bien traités.

Maison Roux

(Médaille d'or.)

Plusieurs meubles, notamment une grande bibliothèque. Ciselure des bronzes dorés très-bien, cependant moins bien que chez Groé.

Maison Sormani

Beaucoup de petites ciselures sur un joli petit meuble Louis XVI.

Maison Beurdelay

(Médaille d'or.)

Bibliothèques, tables, consoles, meubles de salon, un ravissant petit meuble Louis XVI, une belle garniture de cheminée, beaucoup de ciselures d'une très-bonne exécution.

En conclusion, résultat supérieur sur toute la ligne.

Partout les choses inférieures ne le sont qu'en raison des prix payés. Mais partout l'émulation régnait.

L'article de pendule-baromètre, genre marqueterie Louis XIV et Louis XV, est en progrès, par de nouvelles rééditions des anciens beaux modèles choisis avec goût et surtout plus de savoir qu'il y a vingt ans.

Maison Evrard et Bertin

Bustes d'art de grandes dimensions; parmi ces bustes, nous citerons deux bustes de Druides, l'Invocation et la Prière, qui sont larges de formes, d'un arrangement heureux. Le caractère en est bien déterminé.

Un buste de Christ, de 68 centimètres : l'expression en est noble, malgré la douleur qu'il semble éprouver ; la douceur de sa physionomie est noble et indique l'invocation qu'il fait à l'Eternel de pardonner à ses bourreaux.

Ces objets ont été sculptés et réparés de ciselure par M. Evrard.

Maison Gagneau

Lampes et lustreries style Louis XIII et Louis XIV, genre flamand, d'un très-bon effet, assez bien d'exécution.

Maison Gautier et Albinet

Cette maison possède de jolis modèles, mais la ciselure est d'une exécution mal entendue.

Maison Gilet et Bouret

BRONZE DE FOYER.

Nous avons remarqué un éventail pare-feu style néo-grec, d'une très-bonne composition ; au milieu est une plinthe qui supporte une Chimère dont les ailes viennent se relier à un ornement qui forme cadre, où vient prendre place un médaillon à tête de femme. Cette composition hardie est de M. Philippe, sculpteur.

Maison Jules Graux

Un beau grand candélabre, genre flamand ancien. Cette pièce était une chose rare dans ce style, qui ne comporte pas un seul bout de feuille, mais qui se constitue dans son ensemble et dans ses détails de rinceaux enchevêtrés les uns dans les autres, le tout uni sur des formes modelées avec des choses rondes dans les silhouettes, rondes aussi dans les détails, si bien que l'on croirait que la plus grande partie du tout a été faite sur le tour et cambrée après. Tout ce candélabre est poli clair ; style : affaire de climat, où les choses de cuivre ne sont réputées propres qu'à la condition de briller ; en somme ce candélabre était très-beau, d'un bon effet et très-bien exécuté (exécution rifflée partout, il va sans dire).

De beaux chenets.

Candélabres et pendules Louis XVI.

Moyenne exécution.

Un grand candélabre Louis XVI, encore, haut de 3 mètres, bien décoratif, bien de ciselure.

Beaucoup d'autres choses, également de bonne exécution.

Maison Gravet

Spécialité de grandes garnitures Louis XIV, XV et XVI, riches de compositions, faites de ciselure avec soin, particulièrement une Louis XIV à sphynx ; la sculpture, qui en est très-distinguée, est de MM. Robert. Une Louis XV, dont une partie a été ciselée par Mlle Gravet, ce qui lui a valu, de la part du Jury, une mention honorable.

Maison Houdebine

Garnitures de tous genres.

Compositions assez distinguées.

Ciselure convenable.

Maison Lacarière

Grand bronze de lustre, candélabre, lampadaire, le tout très-bien traité, traité largement au point de vue de la ciselure.

Trois beaux candélabres soutenus par des enfants plus grands que nature. De beaux lustres. De belles suspensions. Deux lampadaires au bronze antique vert, très-bien de forme et d'une remarquable exécution. Un beau candélabre couleur de cuivre, sans oxydation, style Louis XIV.

Cette maison, par la beauté de ses modèles, était la première dans la spécialité du bronze d'appareils à gaz.

Maison Langerot

Cette maison exposait d'un beau bronze doré d'ameublement, des garnitures de style Louis XIV et Louis XVI : ces garnitures étaient remarquables par l'ampleur et la légèreté réunies. La ciselure de ces pièces était bien suivie comme fermeté, comme époque ; cette ciselure avait été faite chez M. Flan.

Beaucoup de reproductions anciennes de bon choix et bien rendues, ce qui ne manque pas d'une certaine difficulté pour arriver à un bon résultat, car les recuits, les décapages, les grattés-bossés que l'on est obligé de faire pour obtenir une bonne dorure, détériorent souvent le travail fait sur ces objets.

Maison Lemaire

Fait à peu près toutes les parties du bronze.

Cette maison avait des pièces d'art dont une grande partie avait figuré à l'Exposition de Londres 1862. Néanmoins, nous avons remarqué un lampadaire, une table-jardinière néo-grecque de très-bon goût et d'une bonne exécution.

Maison Lerolle

Beau bronze de vieil ameublement, composé de très-excellentes choses Louis XIV : flambeaux, pendules cartels, bassins ; un beau vase bien compris. Écritoires bien du temps. Une belle pendule moderne, Cléopâtre, modelée par M. Cordier.

Beaucoup aussi de choses Louis XIII.

Un magnifique cartel Louis XIV.

Un beau vase Renaissance.

Une belle pendule Louis XIV, large, très-décorative, avec ses deux candélabres.

(La ciselure Louis XIV riflée partout).

Plusieurs choses de style arabe. Deux belles torchères, figures de Bédouïnes, bronze et onyx d'Algérie d'un très-bel effet, modelées par Cordier.

Un beau lustre Louis XIV, large, très-décoratif.

Un lustre néo-grec d'un très-bon effet. De belles suspensions.

Enfin, cette maison brillait par la bonne entente des styles :

là, pas de ces mélanges de mauvais goût, pas de margotage, de styles bâtards. Sous ce rapport, c'est une fabrication école.

La manière dont la ciselure est traitée dans cette maison mérite aussi d'être mentionnée : pas de fioritures modernes ridoursées, etc. La maison fabrique avec les moyens employés par les époques qu'elle a voulu reproduire.

Des éloges : c'est un beau bronze et qui se vend bien.

Maison Lévy

Une multitude de groupes modernes de nos premiers artistes, tels que Pradier, Feuchères, Pollet, etc.

Dans cette fabrique, la façon de faire la ciselure est de l'adouci.

Nous avons remarqué une pendule composée, *Femmes et Enfants*, étant soignée de ciselure.

Maison Marchand

De grands bronzes de bon goût. Parmi ces bronzes, nous citons une pendule à gaîne, style Louis XIV, admirablement composée ; un vase même style, solidement construit ; le corps est en marbre griote, garni de bronze, se mariant parfaitement au marbre.

Une jolie coupe Renaissance à consoles amours, bronze ; une partie de cette coupe est en porcelaine de Sèvres avec émaux, la conception et l'exécution en sont ravissantes. Une fontaine même style, d'une grande élégance ; la pureté du dessin, la bonne exécution en font une pièce d'art.

A côté de ces compositions, des figures grandeur naturelle, telles que le *Charmeur de serpents*, et beaucoup d'autres pièces que nous ne rappelons pas ici, ayant déjà été citées dans le rapport de Londres, 1862.

Maison Messuer

Petit bronze se rapprochant de l'orfévrerie par la délicatesse des détails. Cette fabrication bien comprise est en plus accessible aux petites bourses. Modèles variés, de bon goût, exécution très-convenable.

Maison Miroy frères

Ont une quantité de statuettes de commerce, des garnitures, des vases assortis. Compositions de fantaisie.

Maison Monot

Une garniture de corbeille et deux étagères, style Louis XVI, bien ciselées dans le style de l'époque; ciselure par M. Open.

Maison Noël

Petit bronze marié à la porcelaine. Garnitures, vases, divers petits objets d'assez bon goût.

On pourrait reprocher à cette maison, qui se sert beaucoup du style Louis XVI, un abus du mat à la bouterolle dans sa ciselure.

Maison Paillard

Avait une exposition à la hauteur de la réputation acquise par son patron.

Les bronzes exposés étaient de deux sortes : les choses créées par la maison, puis des reproductions de choses antiques, anciennes. Dans les reproductions, il y avait deux beaux bustes, l'Ariane et le Bacchus indien, dont les marbres sont au Louvre. Entre autres choses anciennes, une reproduction de la statue équestre de Louis XIV, sculpture du temps, par Girardon. Cette sculpture, qui ne peut et ne doit être exécutée que dans la manière de cette époque des origines de notre bronze français (manufacturé), était d'une bonne exécution.

Arrivons aux nouveaux bronzes.

Si pour un instant on tient compte du mélange, des aspects de matières employées comme effet par un grand nombre de fabricants à cette Exposition, quoique M. Paillard ait aussi quelques pièces à dorure et argenture d'un bon aspect, il est peut-être un de ceux qui ont le plus persévéré dans la couleur du bronze florentin, mais surtout du vert dit antique ; et en cela il faut convenir que si les bronzes aux diverses couleurs sont souvent d'un bel effet dans les appartements, ils sont impossibles au grand air, à la pluie. L'expérience a prononcé il y a longtemps : le bronze au vert est le seul qui ne modifie pas l'effet qu'on lui a donné, sa patine s'embellit même beaucoup en vieillissant. Nous disons un peu aussi ce qui précède pour répondre et couper court à des balivernes écrites par des gens qui parlent de notre métier sans se douter de la raison qui force souvent d'agir ici d'une manière et là d'une autre.

M. Paillard exposait une très-belle cheminée en marbre dit rouge antique, ornée de beaux bronzes. Une magnifiquo fontaine d'au moins cinq mètres de haut (sculpture de Piat). Les vasques marbre rouge antique, les figures à l'argent, les accessoires or (dorés). La figure du sommet, intitulée Déesse des Eaux, est une très-jolie chose; les quatre enfants du bas sont très-beaux. Le tout de style Renaissance Henri III. Travail riflé partout, bon effet, très-distingué.

Le groupe de l'Amour vainqueur était un des plus beaux bronzes de l'Exposition : la grande belle fille qui est la figure principale du groupe est on ne peut mieux dans ce genre très-largement compris de ciselure, de souplesse, de modelé. Ce travail est riflé doux partout, sans ridoursés.

Deux magnifiques coupes de bronze par M. Levillain. Le médaillon du centre de l'une de ces coupes est une médaille de Napoléon Ier. Bonne exécution, ressemblance, distinction, ampleur.

Deux superbes bras de cheminée, l'un doré, l'autre au bronze vert. Beaux profils, effet très-décoratif.

Nous citerons aussi l'admirable statuette de Diane, bronze argenté. Cette figure est une des plus pures émanations du si poétique style de notre Jean Goujon. Excellent seizième siècle, grand goût ; tous nos éloges à l'exécution (riflée partout sauf le bout des extrémités).

Deux grandes coupes fondues, puis une repoussée d'argent par M. Faraoni. Cette coupe, qui représente le centre de l'hémicycle (demi-cercle) de l'École des beaux-arts, à Paris, peint par Paul Delaroche, a l'inconvénient de toute composition qui n'est pas faite par la ciselure *pour* la ciselure, qui doit avoir sa vie propre, distincte dans les arts, et cela par beaucoup de raisons.

Si la jambe raccourcie de la figure qui distribue les couronnes est une beauté en peinture, c'est bien différent en ciselure : disons mieux. en bas-relief c'est affreux, abominable, sans ressources. Corriger la forme par différence de pose! Mais ce serait impudent, corriger Delaroche! Celui qui serait assez fort pour le faire devrait l'être assez pour composer.

Notre art ne pourra jamais tirer parti de ces sortes de raccourcis. Les grands maîtres qui ont parlé l'admirable langue du bas-relief;

Phidias, dans son Parthénon, s'en est bien garlé, il en connaissait trop le résultat.

Sous la Renaissance, notre illustre Jean Goujon, si fort en bas-reliefs, fort à étonner dans l'entente des plans, malgré les allures si libres de son époque et de son génie particulier, a suivi la vraie, la seule syntaxe possible du bas-relief méplat. Clodion, lui aussi, malgré ses audaces de bras et de têtes souvent ronde-bosse dans un très-bas relief souvent de fantaisie, n'eût jamais osé poser pareille note dans ses harmonieuses compositions.

Si nous insistons sur ce détail, c'est qu'il ne comporte pas seulement ce qui précède ; l'avenir de notre profession de ciseleur est trop lié à ces sortes de productions qui nous inférieurisent en art.

Ce sont nos compositions à nous que nous devons produire, révéler d'individualité, arriver aux amateurs avec des choses originales, uniques, comme un tableau de Ingres, de Meissonnier et tant d'autres qui se vendent bien parce qu'en plus de la question manuelle bien exécutée, les peintres à réputation apportent en leurs œuvres des sensations aussi diverses que les individus et les sujets traités. •

Puis ce n'est pas tout. Sans sortir de cette coupe, c'est **M. Goupil** qui est l'éditeur de Paul Delaroche (gravure) : si vous éditez *son* dessin, procès ; la loi est positive, propriété pour cinquante ans à partir de la mort de l'auteur. Le sujet, la gravure sont-ils tombés dans le domaine public ? On vous surmoule, vous n'avez qu'à laisser faire, c'est dans le domaine public, et c'est juste ce qui est arrivé à M. Faraoni avec *sa* coupe des Satyres et des Femmes endormies, remarquablement traitée, d'un très-beau rendu. Oui, mais le sujet est, lui aussi, pris dans la copie très-exacte d'une gravure d'après Boucher, et *sa* coupe est vendue partout sans qu'il y puisse grand chose, à moins de se faire faire un domaine public comme le clergé entend la liberté de l'instruction pour soi tout seul.

Si nous insistons ici, c'est que nous sommes convaincus que dans la composition est l'émancipation de ceux qui auront le courage de se donner la peine de l'étude. La partie manuelle n'est qu'un accessoire, le beau chairé a produit des augmentations de cinquante centimes, et c'est tout ; mais pour ceux qui aiment le travail et cherchent la liberté par lui, elle est dans la composition.

Puis encore, dans cette coupe de l'hémicycle, les draperies des figures de gauche n'ont pas les ressources d'opposition de couleurs que le peintre y avait combinées. Le ciseleur n'a que le ton du modelé, ce qui est bien différent du peintre, et malgré le modelé, qui est celui de la peinture, l'effet est désagréable en ciselure, et cependant M. Faraoni connaît bien les ressources du repoussé, il y est fort même. L'Aréopage du fond de sa coupe est remarquable : ampleur, modelé, entente du plan, sont bien compris, bien exécutés, et si nous avons insisté sur ce travail, c'est que notre instruction exige que nous posions nous-mêmes les bases vraies de notre profession, et nous sommes convaincus que la disposition de ce raccourci fâcheux a enfermé M. Faraoni dans une impasse ; que notre devoir de délégués est de le signaler à nos jeunes ardents, afin qu'ils l'évitent par la composition et se pénètrent bien que la ciselure ne doit pas prendre dans la peinture ni dans le secrétaire galant pour écrire ses lettres d'amour.

Maison Popow

Avait une pièce pour surtout de table, style Louis XVI, remarquable comme richesse de composition.

En voici la construction. Deux enfants soutenant une vasque forme coquille, en cristal rose. Sur le premier plan du pied est une cartouche où s'appuient deux Amours qui, en avantageant la base, donnent l'ampleur qu'exige cette pièce. Sous la vasque sont deux têtes de Chimères, dont un anneau est dans la gueule; deux guirlandes de laurier sont posées sur cet anneau, pour produire des jours et donner à l'ensemble de la légèreté.

Au-dessus de la vasque, il y a une pièce d'où sortent huit branches à lumières: de plus un groupe femmes et enfants genre bacchanale, imitation Clodion, vient couronner cette composition qui est convenablement exécutée.

Maison Henri Perrot

Cette maison, qui en grandes pièces n'avait que deux vases en marbre rouge antique, garnis de bronze doré d'un bon effet, semble avoir concentré sa spécialité dans le bronze de petite dimension ; disons-le de suite, cette maison traite avec beaucoup de goût une quantité de petits objets, tels que l'article de bureau : écritoires, encriers, cachets, couteaux à papiers, petites lampes antiques faisant fonction de bougeoirs, de plusieurs formes antiques et de composition fantaisiste. Coupes à vasques plates et creuses. Petits thermomètres montés de bronze.

Chandeliers aux formes antiques du meilleur goût, soit grec, égyptien, etc., etc. De très jolis bronzes miniatures en style byzantin. Flambeaux doubles-feux (Louis XVI), serrés de très-près dans l'exécution. Petite jardinière. Pendules, etc. Magnifique écritoire avec figure antique d'Eschyle, remarquable de simple bon goût. Les masques de la Tragédie, de la Comédie sur les encriers, sont d'excellentes allusions bien dans l'esprit que doit avoir cette spécialité.

Tous les objets traités en style Louis XVI sont remarquablement travaillés ; de la finesse, pureté, douceur dans l'effet. Deux beaux guéridons, dont l'un, grec, est admirable de style, puis aussi de légèreté.

L'autre de ces guéridons, composé dans le style des grands chenets de l'époque Henri IV, a été acheté par le roi de Prusse.

Les objets exposés par cette maison, sont ciselés par et chez M. Flan.

Maison Henri Peyrol

La maison Peyrol édite en bronze les animaux de Rosa Bonheur et de Isidore Bonheur, frère de Rosa. Cette fabrication se compose de taureaux calmes et furieux, très-bien traités au point de vue du naturel et à celui de l'exécution. Les variétés de races de moutons sont remarquables d'allure. Quelques types de chevaux de course et de trait sont aussi très-bien. Un groupe représentant le combat d'un Ours et d'un Taureau était aussi une excellente chose, large, agissant bien, ce que n'ont pas toujours donné les anciens, dont l'action le plus souvent ne fait que poser au lieu d'agir. La sculpture de tous ces animaux a une certaine individualité, ce n'est ni Barrye, ni Mène ; le caractère le plus saillant est l'ampleur.

La ciselure est une reparure visant à l'effet de fonte sans retouche : nous voulons dire que le travail est bien dissimulé. Belle fabrication.

Maison Pickard et d'Hernani

Un lampadaire Louis XVI à cristaux, fin de forme et brillant dans sa simplicité ; bonne ciselure.

Un groupe de Picault, ayant été admis à l'Exposition des arts, représentant une Femme et un Amour. La femme, souple dans la pose, proportionnée dans la forme, tient en main une coupe; une colonne où est assis l'Amour, qui exprime par sa physionomie, ainsi que par un mouvement du bras, le désir de se saisir de cette coupe pour se désaltérer. Ce groupe charmant a pour titre : le Supplice de Tantale.

Maison Poussielgue

La plupart des chandeliers d'église de cette maison sont traités plus au point de vue décoratif seulement qu'à celui de la ciselure ; cette dernière, sur plusieurs morceaux, avait l'air d'avoir été faite à l'aide d'un bon coup de carde : quelques chandeliers, cependant, étaient mieux traités, toute réserve faite du travail des mats, de l'abus même, ce qui est une sorte d'anachronisme aux styles douzième et treizième siècle, par la raison d'abord que les ciseleurs de cette époque ne connaissaient pas les mats, encore moins ceux à la bouterolle, comme il y en avait là; puis, par d'autres raisons encore, le travail était toujours à l'outil clair; ce n'était que les dorures qui étaient mates, ou, en termes plus précis, l'on réservait des places non brunies.

Nous tenons à fixer ce point-là, afin que l'on sache bien que pour les vrais amateurs, connaisseurs, ces sortes de choses sont regardées comme des mots auvergnats qu'un orateur laisserait échapper dans un discours à... l'Académie.

Mais revenons à l'ensemble des choses exposées et disons que les dessins étaient presque tous d'architectes, d'archéologues, illustres la plupart, faisant spécialité des styles du moyen-âge.

Deux grands candélabres pour la cat.édrale de Paris. Ce travail est, dans la composition du patin, d'une audace que personne n'aurait osée que M. Viollet-Le-Duc ; les lumières sont très-bien distribuées, la ciselure est modelée au rifloir, pas de mat, clair partout.

Un grand autel treizième siècle pour la cathédral e de Quimper Dessin de M. Boeswilwald. Le tombeau d'un ou d'une sainte faisant autel suivant l'usage de l'époque, ainsi que l'ensemble du tout, est d'un grand effet décoratif, splendide, sévère ; les émaux et les cabochons l'enrichissent dans une bonne harmonie. Le retable et le tabernacle sont plutôt affaire de monture que de ciselure. Le Christ et les douze Apôtres assis, sculptés par M. Geoffroy-Dechaume, sont riflés en tant que ciselure; c'est l'art du temps de l'archaïsme, il ne faudrait pas vouloir y chercher autre chose que ce qui doit être pour le style, c'est-à-dire large, naïf. Les figures se détachent sur des fonds émaillés, ce qui les enlève très-bien.

La croix d'archevêque qui surmonte le tabernacle, croix à deux barrettes, est remarquable par sa bonne ornementation simple de rinceaux à feuilles de lierre (je m'attache), le tout enrichi d'émaux et de gros cabochons en abondance; la croix seule est garnie de trois cents cabochons.

Le travail général de ciselure.

Pas de mat.

Un autre grand autel pour la cathédrale d'Amiens était aussi d'un large effet décoratif; les ornements ciselés et rapportés sur gorge sous la table de l'autel, sont clairs; les Anges sévères de style qui sont de chaque côté de l'exposition de l'ostensoir, au-dessus du tabernacle, sont, ainsi que leurs ailes, riflés doux partout; pas de traçoir, même aux plumes, le tout est bien imprégné du style et du travail de l'époque.

Plusieurs candélabres, un tabernacle, deux châsses aussi du treizième siècle, étaient du meilleur effet.

Une trentaine de morceaux que nous réunissons en bloc sont œuvres dont le mérite revient aux compositions, plus qu'à l'exécution, qui n'est que ce que nous nommons bon commerce. La plus grande partie des pièces ci-dessus est à l'or mat, puis des grattés-bossés ou brunis, ce qui en tant qu'aspect du métal était à peu près la seule variante que se permettaient les fondateurs du style.

L'*orfévrerie* de la même maison se composait : de croix, de processions, bénitiers, coffrets, calices, ciboires, patènes, burettes, boîtes à extrême-onction. Une douzaine au moins d'ostensoirs étaient, en tant que style, des choses élevées au plus haut point dans l'art des profils et du modelé de l'époque, de ce genre particulièrement décoratif que les artistes du moyen-âge possédaient à un si haut point. Nous citerons surtout l'ostensoir de Notre-Dame de Paris, par M. Viollet-Le-Duc; tout ciselé à clair et, il faut bien le dire, cela a toujours l'aspect plus fini.

Trois crosses d'évêques bien dans le style, une surtout d'un effet simple, calme, naïf même.

La conclusion comme travail est que dans cette spécialité des douzième et treizième siècles, la ciselure doit être à l'outil clair et s'abstenir surtout du tapage souvent criard des mats posés par opposition d'effets les uns aux autres.

Puis en conclusion sur la maison, c'est que la ciselure n'y est que moyenne. Rien de hors-ligne, même dans les petites choses d'orfèvrerie.

Pour les bronzes, beaucoup n'étaient que fondus et ébarbés. Pour être juste, disons aussi que le bronze d'autel est presque toujours vu à grande distance et que c'est suffisant.

Dans cette maison aussi, comme dans toutes celles qui ont des prétentions à la manufacture, le nom des ciseleurs s'englobe dans un : *Ciselé sous la direction de M.....*

Maison Rolin et Bigot

De grandes garnitures rocaille Louis XIV et Louis XVI d'un grand effet. Bonne exécution.

Maison Ruiton et Levrat

Avait de jolis groupes pour pendules; leur choix est de bon goût. Parmi ces groupes, la Fileuse de Samlson, l'Amour au repos; pour cette pièce, le prix de ciselure Crozatier a été décerné à M. Ruiton. Une Pandore méditant, Psyché, statuette d'un bon effet. La reparure de ces objets est faite avec intelligence.

Maison Schlossmacher

BRONZE D'ÉCLAIRAGE.

Nous citerons une lampe dont le corps en marbre onyx, garnie en bronze avec émaux ; les anses sont des Chimères d'un bon dessin, d'une forme très-agréable.

Un lampadaire exceptionnel, de style assyrien. Cette pièce réunissait la richesse, l'élégance et la pureté du style.

-Bonne exécution.

Maison Servant

La fabrication de cette maison est faite avec beaucoup de soin. Le choix des modèles est de bon goût; la forme, les ensembles sont bien conçus, l'œil en est satisfait. Le genre préféré de la maison est le néo-grec. Les groupes ne le cèdent en rien à l'ornement. Nous citerons entre autres l'Age d'or, dont le sentiment est hors ligne ; puis la Danse de Mai, groupe bachique plein de grâce et d'action. Cette maison a une série d'objets divers d'une charmante fabrication.

Manufacture de Sèvres

Elle avait de magnifiques compositions : vases, coupes, statuettes, groupes isolés et se reliant en surtout pour service de table, porteuses de lumière, porteuses de fruits, etc., le tout enrichi de splendides montures de bronze doré et aux ors de couleur. Aluminium, vieil argent, etc.

Les quantités des choses à décrire nous mèneraient très-loin, et nous nous résumerons en disant que, pour ce qui concerne la ciselure, on ne fait pas mieux et rarement aussi bien : fermeté, valeur, nuances, pureté, solidité de main dans les beaux brettés de certaines grandes feuilles d'ornement. Disons aussi que le tout est établi dans des conditions d'excellente harmonie sculpturale.

Le berceau du Prince-Impérial, fait chez Froment-Meurice, a été exposé, croyons-nous, dans l'exposition de Sèvres à cause de quatre émaux genre *Limousin* qui sont enclavés dans la composition.

Ce berceau est une assez laide chose faite sur les dessins de M. Victor Baltard, qui en a eu, comme on dit aujourd'hui, la *haute direction.*

Dans la composition de ce berceau, la belle figure la France, modelée par feu Simart, ciselée par MM. Fannière, est la seule chose qui soit bien.

En tant que style, cette figure est néo-grecque.

Les deux petits enfants-génies qui sont à ses pieds sont Renaissance J. Goujon, et le corps du berceau et son patin sont du plus rococo romain bâtard du premier empire. Sur ce, beaucoup d'unité de style dans une même pièce ; tout le monde a signé, même M. Haussmann, pour l'avoir commandé.

Maison Susse

Ciselure d'exécution ordinaire sur des motifs d'excellente sculpture. Nous avons remarqué une pendule Louis XVI faite avec soin ; elle a pour titre : les Femmes aux colombes (réduction d'après Falconnet).

Maison Thierry

Cette maison avait du bronze d'autel mené grossement, mais d'un bon effet. Son orfévrerie d'église treizième et quatorzième siècles était d'une bonne exécution, celle que l'on nomme propre, mais la pièce principale était un grand tabernacle en argent pour la Nouvelle-Grenade; cette pièce, qui avait des allures Renaissance, comportait beaucoup de ciselure dans les frises, les chapiteaux des colonnes de cette sorte de temple. L'ambase surtout avait une frise de pourtour de vingt centimètres de large, bien ciselée, repoussée très-franchement par Loyer.

La porte du tabernacle chanlevée par M. Royer.

Maison Thiébaut

La grande maison Thiébaut, à Paris, est peut-être à présent celle qui fond le plus de grands objets d'art. Beaucoup de statues, groupes, etc., ayant eu succès au Salon, sont par cette maison reproduits en bronze. A proprement parler, la maison Tiebaut est une fonderie : la ciselure de ses produits de fonte n'est que de la reparure, et si dans cette reparure beaucoup de pièces ne laissent rien à désirer, il en est d'autres cependant où la dissimulation du travail de ciselure n'est pas toujours suffisante : l'enlevage des coutures reste trop apparent, et ce qu'il en apparaît enlève à la pièce ce bel aspect de certaines fontes à cire perdue comme fut fondu le Lion au serpent de Barrye. La beauté du travail de reparure consistera toujours à ce que l'aspect n'ait pas l'air d'avoir été touché par le ciseleur. – Oh! la belle fonte! disent les amateurs qui ne se doutent pas toujours de la peine que le repareur s'est donnée pour dissimuler une ou plusieurs pièces rentrées, qu'il a fallu rattraper sans qu'il y paraisse trop à la forme.

Maison Trioullier

, Cette maison avait beaucoup d'orfévrerie d'autel treizième et quatorzième siècles dont quelques pièces étaient très-bien réussies, notamment un ostensoir.

Une magnifique boîte de chapelle, calice, burettes et leur plateau en cristal de roche montés d'or, de ciselures d'un bel effet. Enfin beaucoup de choses, que nous ne pourrions décrire, du grand bronze d'église assez moyennement traité.

Usine de Varuz

Statue d'Hébé avec un aigle; cette pièce, de grandeur naturelle, a été fondue d'un seul jet. La figure d'Hébé ainsi que l'aigle sont d'un bon effet. La sculpture de ce groupe, qui est de Francischi, a été bien traitée. Les ailes de l'aigle sont ciselées à effet large, décoratif, ce qui fait valoir les chairs de la femme, qui sont riflées doux, et qui acquièrent par cette opposition un aspect plus fini. Les expressions de tête de l'aigle et de la femme sont très-bien, le colloque est réellement établi.

Maison Viot et Cᵉ

Onyx d'Algérie combiné aux bronzes de couleurs, or, argent, émail, incrustation de matières mélangées.

Onyx blanc.

Onyx aux couleurs variées appliqué conjointement avec les bronzes à la production de vases, bustes, lampes, coupes, pendules, statues, etc., etc.

Superbe exposition, beaucoup de choses.

Deux pendules, gracieuses figures de femmes en bronze argenté, socle d'onyx : ces figures, l'une et l'autre un bras levé, tenaient le balancier circulaire de la pendule. (L'une a été achetée par le roi de Prusse.)

Une splendide pendule au sommet de laquelle était l'Amour tirant de l'arc : cette pendule était accompagnée de deux grandes figures de femmes grandeur nature, faisant lampadaire (style Renaissance). Ces deux figures, dont les chairs étaient en bronze argenté, les draperies en onyx d'Algérie bien choisi, étaient splendides de mélanges bien réussis : les broderies, les ceintures, les cothurnes étaient enrichis d'émaux cloisonnés, de bandelettes d'or rehaussées de lapis (bleu), de malachite (vert), etc., etc., et de cabochons de couleur; tout cela, avec les oppositions de couleur des socles en onyx, était d'un effet rare : rien peut-être dans l'Exposition universelle n'avait ce caractère large de distinction décorative.

Deux splendides vases en onyx d'Algérie entremêlé de beaux bronzes aux ors de couleur (par dorure), aux émaux cloisonnés et aussi aux émaux relief sur des guirlandes de roses églantines.

Les supports de ces vases étaient faits de quatre têtes d'éléphants au bronze noir, caparaçonnés d'ornements or, émaux, enrichis aussi de perles d'argent. Les quatre trompes faisant pieds de table, oxydés de noir également jusqu'au bout, les défenses d'or ; le tout posé sur de riches socles d'onyx du plus heureux choix, tout cela d'un effet unique à l'Exposition.

Ces mélanges dans la part du bronze exigent beaucoup d'adresse de la mise en œuvre, beaucoup de goût et une entente très-grande des effets d'harmonie.

Tout était beau dans cette exposition, mais la pendule Amour et les deux figures lampadaires avaient des qualités très-heureuses, de belle réussite. Aussi M. Viot a-t-il eu médaile d'or et croix d'honneur.

C'est encore ici le lieu de dire que tant que la ciselure ne disposera pas elle-même de la forme, elle ne sera que la très-humble servante du patronat, ou à plus bref, qui dispose de la forme dispose aussi de l'ouvrier.

Savoir est synonyme de Liberté !

GRANDS BRONZES

EXPOSÉS DANS LE JARDIN

Pris d'une manière générale, les grands bronzes du jardin étaient bien traités. Rien de nouveau dans les procédés de ciselure du chairé : par-ci par-là, de la roulette chez les étrangers ; du ridoursé dans quelques figures ; dans le plus grand nombre, riflé simplement, surtout ceux qui ont voulu imiter l'antique.

LA CLASSE 94

DITE AUSSI CLASSE DE TRAVAIL

Était une réunion de travaux de tout genre, faits le plus souvent par des ouvriers, mais toujours par des hommes en dehors du patronat. En ce qui nous concerne, il y avait les prix de ciselure du concours Crozatier, puis aussi quelques œuvres isolées.

Mais disons de suite que la question de l'idée, de la composition, ne prévaut pas assez, et qu'il semble que dans notre profession on se soit donné le mot pour ramener tous les résultats à une admiration exclusive du travail de la main, de l'outil.

Le *calligraphe* toujours, l'*écrivain* jamais.

Et cependant, celui qui joint aux qualités de la main les connaissances de la forme, des styles, en un mot qui peut composer, celui-là est un homme émancipé du patronat. Il n'en est pas de même de celui qui n'a que la main; quelque talent qu'il ait, il restera enchaîné à l'étau de son patron, même à son propre étau.

Notre manque d'organisation, par concours libre, nous empêche d'utiliser mieux les forces vives qui s'usent souvent en pure perte dans des productions sans but; on semble travailler pour un : *c'est bien.*

A nous, ciseleurs de Paris, il appartenait de faire des choses d'art raisonné dans son application. Les grands prix concours d'exposition de chevaux, d'exposition bovine, d'agriculture, de fleurs, etc. les courses de chevaux, surtout, offraient d'excellents débouchés motivés.

Mais pour commencer à en arriver là, pas de mesquines jalousies, de l'émulation; que le camarade qui aurait composé une belle et bonne chose, trouve en nous la commandite fraternelle; s'il ne peut pas passer, ouvrons-lui nos bourses collectives; avançons-lui pour la matière et pour vivre durant son travail.

Pour que l'amour-propre de celui qui sera aidé n'en souffre pas, qu'à la vente de son produit il fasse le remboursement simple de l'avance qu'on lui aura faite; que ce fond, rentrant en caisse, commandite aussitôt un autre camarade, plusieurs, si c'est possible. Une fois le grelot attaché, l'émulation fera des prodiges.

Mais revenons; que les compositions soient en rapport avec le but. Il y avait, dans cette *classe* 94, certaines choses faites avec talent, mais empruntées aux vieux peintres; on retrouvait dans l'Exposition générale le même sujet copié en gravure sur acier, sur cuivre, sur bois, en lithographie, en photographie, peint sur verre en transparence, peint sur faïence, sur porcelaine, fait aussi en lithophanie, etc., etc. Quelle sensation est-il possible de faire naître avec des copies de choses si connues ! Le père Rude disait : « *Ce qui est bientôt fait est bientôt vu.* » Nous disons, nous, que ce qui n'est pas composition est vu avant d'avoir été regardé. La sensation produite se ramène à zéro, et les résultats au même chiffre que la sensation ; et c'est pour cela que notre art arrive derrière la peinture, la sculpture, la musique, parce qu'au lieu d'être un compositeur, il n'est trop souvent qu'une sorte de manivelle d'orgue.

Cela dit, nous prenons au hasard, sans vouloir mettre un tel devant tel autre.

La petite figure de femme avec enfant, ciselée par **M. Ch. La-**

vigne et qui out le prix de ciselure, est une charmante petite chose, bien imprégnée de cet esprit français dont la ciselure de Paris a seule le secret.

La figure du Charmeur de serpents, ciselée par Victor Lebeau, est certainement une des mieux réussies que nous connaissions ; la forme fine et solide n'est pas noyée dans un vaporeux ignorant, qu'on rencontre trop souvent autre part ; le travail de chairé est superbe, en ce qu'il constitue des variantes partout, et cette excellente méthode qu'il a tant contribué à répandre, la dissimulation du travail, surtout du traçoir.

La réduction du Voltaire de Houdon, réparé par le même, est aussi un travail de maître.

Edouard Frémy, un ciseleur, exposait dans un cadre une douzaine de portraits-médaillons, modelés et ciselés par lui ; quelques-uns de ces portraits étaient d'une très-bonne *modelure* et exécution.

Le bouquet ciselé par Coliot est aussi une chose bien ciselée, mais manquant un peu d'ampleur.

M. Poux exposait beaucoup de choses ayant figuré aux concours Crozatier et à celui des fabricants de bronze, notamment une Perdrix, que l'Empereur lui a achetée lors de sa visite à la classe 94.

M. Poux exposait aussi la coupe très-ancienne de Neptune et Tritons ; cette coupe est, par endroits, une chose de si haute science, que nous considérons comme une présomption bien grosse, les retouches que M. Poux prétend y avoir faites, et pour lequelles il l'exposait.

Voir, pour appuyer notre opinion, dans la belle collection que Sauvageot légua au Louvre, une vitrine où est un plomb ou un étain de ce bas-relief qui peut affirmer notre dire.

M. Poux exposait encore un plateau rond, représentant le Triomphe de Galatée, *d'après Raphaël*.

Tout Raphaël que soit ce tableau, il n'est pas du tout disposé pour faire un bas-relief. Aussi, malgré la sculpture qui a été faite par un homme de talent (Chenwerk), le résultat est-il très-lourd, et ayons le courage de la vérité, c'est ce morceau qui a motivé les réflexions contenues en tête du présent article sur la classe 94, à propos de copies de peintures faites par les gravures de toutes sortes, la lithographie, etc., etc.

M. et madame Vernaz exposaient de très-jolis spécimens de damasquine sur acier ; très-bien, on ne fait pas mieux.

Un joli petit vase argent repoussé, et deux petites coupes en argent repoussé d'un très-joli effet, comme légèreté de main, de modelé : ces coupes ont une plate-bande circulaire de deux centimètres de largeur, bordant la vasque, laquelle plate-bande est en acier, enrichie d'une très-délicate damasquine d'or d'une bonne exécution et d'un bel effet.

Ces deux coupes ont été achetées par l'Empereur.

Enfin, dans cette classe 94, beaucoup d'autres ciselures que nous ne décrirons pas pour la raison qu'ayant figuré dans les concours Crozatier et autres, ces pièces sont connues de tous ceux qui nous ont délégués.

DE L'INFLUENCE
des architectes sur nos travaux

Posons ceci en principe : tant que notre profession, en tant qu'objets d'art proprement dits, sera, par la forme, à la discrétion des architectes, elle n'entrera pas dans la voie de tranformation qui doit lui être particulière. Ils ont enfermé la ciselure dans une dépendance dont elle serait morte à sa vie propre depuis longtemps, sans les fantaisistes qui l'ont fait sauter par-dessus les barrières où on voulait l'enfermer.

Nous faisons exception pour les choses d'archéologie, notamment les styles des douzième et treizème siècles, dits gothiques. Là, les architectes comme M. Viollet-Le Duc, Boeswilwald, le père Martin, Victor Gay, etc., ont fait œuvre de goût, de savoir, en évinçant raide les travaux des hommes comme Souflot, qui lui-même vint mettre de l'ordre dorique dans sa restauration du chœur de l'église Notre-Dame de Paris.

Mais pour les belles originalités en ciselure, il faut, comme nos devanciers l'ont fait, savoir prendre soi-même sa liberté d'action. En ce qui nous concerne, on ne fera jamais rien de nouveau en notre art, rien de personnifiant notre époque, tant qu'on ne mettra pas de côté les matériaux des choses antérieures, dans lesquels on emprunte tout, et l'on continue à s'étonner de n'être pas nouveau, de ressembler aux anciens.

STATISTIQUE

du bronze et cuivrerie

On trouvera sans doute opportun de donner dans ce Rapport un aperçu du commerce général de notre industrie. D'après des relevés pris à la Chambre de commerce de Paris (année 1866), le chiffre d'exportation des produits, bronze et cuivrerie, s'est élevé à la somme de vingt millions quatre cent quinze mille sept cents francs ; avec les achats pour les besoins de l'intérieur de la France, on peut évaluer le commerce de cette année à vingt-cinq millions de francs.

De ces chiffres on en tire les déductions suivantes : que douze mille ouvriers doivent avoir été occupés; qu'en comptant la moyenne des salaires à douze cents francs par tête de travailleur, le total général a donné quatorze millions quatre cent mille francs; que les bénéfices nets de la fabrication de cette industrie peuvent être évalués à trois millions cinq cent mille francs.

L'importation des bronzes et cuivreries étrangères, même année, a été de deux millions deux cent vingt mille quatre-vingt-dix frs.

D'après cette statistique, on peut se rendre compte des avantages que présente l'industrie du bronze et de la cuivrerie.

APERÇU

des industries employant la ciselure

A l'Exposition de 1867, la ciselure prêtait son concours à beaucoup d'industries : il était même né récemment plusieurs spécialités.

Ne pouvant pas décrire tant de choses, nous dirons qu'un grand nombre de ces industries avaient parfois des objets ciselés d'un fini très-précieux, souvent même hors ligne. Nous allons en rappeler sommairement l'ensemble, priant d'excuser pour ceux que nous aurions omis de noter :

Bronze de monuments, d'appartements, statues, statuettes, pendules, candélabres, etc., etc.;

Orfévrerie d'art, de table ;

Bijouterie, petites figures, ornements ;

Gaz, appareils de toutes sortes;

Zinc réparé;

Creux pour couler le zinc ;

Bronze et orfévrerie d'Église, fondus, repoussés;

Email, préparation des cloisons et des pièces pour émail, relief;

Ébénisterie, bronze doré de meubles Louis XIV, XV et XVI ;

Bronze mêlé à l'onyx d'Algérie ;

Cristallerie, creux pour couler, souffler les cristaux ;

Bronze doré, monture de cristallerie ;

Porcelaine (monture de) de Sèvres et autres ;

Fonte de fer, grande quantité de modèles ;

Modèles pour l'industrie des plâtres moulés à la gélatine et stéa-rinés, en partie sujets religieux ;

Plomberie de toitures d'églises, gargouilles, saints, figures et ornements ;

Cuivrerie diverse de bâtiment, beaucoup de choses;

Serrurerie de luxe, fondue et prise sur pièce ;

Literie en fer, modèles, parfois de belles choses;

Tabatières d'or, d'argent, de belles ciselures encore, quoique, sur presque toute la ligne, cet article ait passé au guilloché;

Armuriers : fusils, pistolets, poignées d'épées, de sabres de luxe damasquinés d'or;

Coquillé d'argent, harnachement des chevaux de voitures de luxe;

Modèles pour galvano, à destination très-variée;

Opticien, binoclerie, jumellerie ;

Fer repoussssé, splendide cheminée, etc.;

Matrice pour gaufrer par pression les cuirs d'albums, de reliure de luxe;

Cabarets, jardinières, nécessaires de voyage ;

Articles de toilette, couvertures de boîtes, garnitures de flacons à odeur pour la chambre et pour la peche;

Cuilleristes : riches services de dessert et autres, ciselés;

Barométrie;

Cloches : cloches d'églises , bas-reliefs fondus, avec Vierge, saint, légende, etc.;

Pianos, parfois riches garnitures;

Reliure d'albums, de livres, encoignures, plaques, écussons, fermoirs, belle ciselure;

Écaille, matrices à presser l'écaille, la corne ramollie par la chaleur;

Bois durci, creux en fonte et en acier;

Lanternerie de voitures de luxe ;

Pipes, creux pour estamper les têtes de pipes en terre ;

Lampisterie de salons ;

Cravaches, pommes de canne, d'ombrelle, de parapluie ;

Tabletterie, ivoire garni d'argent, fermoirs, écussons, cachets, etc.;

Cafetières à système globes de verre et autres ;

Brosserie de table, de toilette ;

Gobeleterie d'or, d'argent, aussi tasses repoussées à goûter les vins ;

Papeterie, écritoire, encrier, couteau à papier, cachet bronze et argent ciselé.

NOUVELLE MÉTALLURGIE

ET MÉTAUX ENGAGÉS DANS NOS TRAVAUX

La chimie, la physique ont, par de récentes découvertes d'analyse (le spectre solaire), porté à quarante-huit le nombre des métaux, en comptant le mercure, qui n'est solide que vers quarante degrés de froid.

Dans cette nouvelle récolte de la science, soit manque de ductilité, de malléabilité, soit difficulté d'extraction, à l'Exposition il n'y avait pour nous, ciseleurs, que très-peu de choses quant à présent. Nous disons quant à présent, parce que ce n'était que sous forme de curiosité chimique, puis de relativité de pesanteur, et non par spécimens de *mise en œuvre*, qu'étaient exposés les nouveaux échantillons dont nous aurions bien voulu tâter le tempérament par nous-mêmes.

L'intéressant pour nous, en métallurgie, était dans des alliages inconnus jusqu'ici.

NOUVEL ALLIAGE

BRONZE D'ALUMINIUM.

Ne perdons pas de vue qu'un bon alliage est en quelque sorte un nouveau métal, et quelquefois même davantage. La maison Morin (Paris) exposait quelques spécimens en nouveau bronze d'aluminium. Cette exposition avait pour but de prouver que ce nouvel alliage fournit amplement aux exigences métalliques.

Le nouveau venu est d'un bel aspect, sa couleur avoisine celle de l'or. On le dit inoxydable à l'air, à l'eau ; mais il est encore trop jeune pour que nous puissions poser autre chose qu'un point interrogatif sur son avenir en ciselure. Dans les choses nouvelles, on ne voit souvent que certains côtés ; la pratique, la durée de temps peuvent seuls adopter ou rejeter ce candidat métallique, qui, disons-le cependant de suite, semble réunir d'excellentes qualités.

Nous devons enregistrer trois nouveaux alliages de l'argent :

Premièrement, alliage sans cuivre de l'argent au deuxième titre (du contrôle) ;

Autre alliage à 600 millièmes d'argent fin ;

Troisièmemement, autre alliage encore à 333 millièmes d'argent fin ; c'est ce dernier qui est nommé *tiers-argent*.

Les combinaisons de ces nouveaux alliages sont de M. Ruolz et d'un ingénieur, M. de Fontenay.

On dit beaucoup de bien de ce nouvel alliage *tiers-argent*, à ce point qu'il a eu de la difficulté à obtenir l'autorisation du gouvernement pour prendre place dans l'industrie. Sa pesanteur, sa couleur, sa sonorité, son inoxydabilité donnaient de l'inquiétude pour l'imitation des monnaies d'argent. Son prix est de 90 fr. le kilo. L'argenture et l'argenterie de table pourraient bien subir une grosse modification.

Quant à nous, ciseleurs, nous croyons être dans le vrai en pensant que moins il y aura de valeurs engagées dans le prix des matières, plus il en restera pour les façonner.

NICKEL

Une maison à Liége, Val-Benoît, a abaissé le prix du nickel à 13 francs le kilog. Cette maison exposait quelques spécimens de fabrication dont la ciselure était traitée dans le genre du bronze de commerce.

Pour ceux qui ne connaissent pas ce métal, nous dirons que l'aspect du nickel pur est assez voisin de l'effet de l'argent, mais plutôt de l'étain ; sa couleur (à l'état pur) est légèrement grisâtre. Il est assez ductile, puisque dans cette exposition étaient des fils fins et du laminé mince.

Le nickel se comporte bien à l'air.

La Belgique, la Suisse, les États-Unis, ont maintenant des monnaies en circulation qui sont en nickel.

PLATINE

Autre temps, autres mœurs. Le platine, autrefois réputé infusible, se laisse fondre maintenant sous le feu de l'hydrogène et de l'oxygène combinés.

La France en avait de beaux spécimens, mais une maison anglaise, Johnson Matthey, exposait entre autres choses un lingot de 100 kilos.

Ce métal a de si grandes qualités, que nous ne doutons pas qu'un jour il fournisse une autre carrière que de servir de cucurbite à distiller tous les acides.

Son prix s'abaisse toujours un peu. L'or étant à 3,500 francs le kilo, le platine très-pur n'est plus aujourd'hui qu'à 800 francs le kilo. Sa valeur est ainsi moindre que le quart de celle de l'or.

Les métaux engagés dans les travaux de la ciselure, à l'Exposition, étaient :

Bronze, cuivre d'alliages variés, métal de cloche, laitons divers.

Cuivre rouge laminé, fondu, martelé par galvano.

Fonte de fer, grise, blanche, rendue malléable.

Fer en tôle, fer forgé.

Zinc seul, zinc allié, zinc recouvert de cuivre par galvano.

Argent pur et allié, fondu, laminé, déposé par la pile.

Or pur, fondu, laminé, dorure par la pile.

Or allié aux divers titres du contrôle, dans lesquels il faut compter les ors de couleurs des styles Louis XV et XVI, or vert, rouge, blanc, jaune.

Platine pur, plusieurs petits morceaux ciselés. Aussi la couverture de livre repoussée par Vechte.

Nickel pur et allié.

Étain seul et allié.

Plomb, statues et ornements de toitures, de clochetons d'églises.

Aluminium, bijouterie ciselée.

Nouveau bronze d'aluminium.

Tiers-argent, 333 millièmes d'argent fin.

DES ORIGINES DU BRONZE

Histoire du travail. — Exposition rétrospective.

Des débris d'ossements humains trouvés il y a quelques années dans les couches profondes de notre globe, apportèrent avec eux un grand débat dans les sciences qui s'occupent surtout d'origines, de physiologie, de géologie, etc. Ces ossements donnaient à l'apparition de l'homme sur la terre une antériorité énorme sur l'époque assignée par la Bible, aussi les contreverses furent très-vives de part et d'autres, et si nous en parlons ce n'est que pour arriver à un fait qui concerne les origines de notre bronze.

A Dieu ne plaise que nous voulions ici nous mêler à ces terribles questions, à savoir si l'homme apparut tel que nous sommes, ou s'il n'est (ce que nous ne croyons pas) qu'un singe progressé ainsi que le prétendent quelques-uns.

Ce qu'il y a de certain dans cette nuit antéhistorique, c'est que l'homme à son origine ne paraît pas avoir su se servir des métaux, et ce qui le prouve, c'est que dans les fouilles profondes faites dans l'écorce de notre globe, bien longtemps après l'apparition de l'homme, il se servait de haches en pierres dures ; de là le nom *d'âge de pierre* donné à cette période.

Dans cette exposition rétrospective de l'histoire du travail, une bien curieuse étude, toute récente, était celle de certains points antéhistoriques solutionnés par des analyses chimiques, sur des originaux qui étaient là ; voici comment.

Par beaucoup de raisons, l'Asie semble avoir été le berceau du genre humain.

A une époque que nul ne pourrait fixer, la population étant devenue très-dense, une partie émigra ; il y a maintenant plus que des probabilités que l'émigration partit des hauts plateaux d'Asie.

Arrivée à un certain point, en route, elle se bifurqua, ou en termes plus simples, les uns prirent à droite, d'autres à gauche, marchant sur l'Occident, et ces colonnes émigrantes, armées de haches de pierre, à mesure que la mort les a frappées, ont laissé ces mêmes haches dans les voies parcourues des terrains contemporains.

Plus tard, les populations d'Occident (leurs descendants selon toute probabilité), firent aussi de ces haches avec des matières équivalentes en dureté. Mais si la silice (silex, sorte de pierre à fusil) domine dans toutes les analyses, il est certaines matières mélangées à la silice, à dosage régulier, qui n'ont pu être retrouvées que sur les hauts plateaux d'Asie. Là, les roches restées sur place et les haches dont nous parlions ont donné identité exacte à l'analyse. Donc, les masses émigrantes étaient parties de là.

A un certain moment, dans ces sociétés éparses, l'homme trouva le bronze, disons plus juste, il trouva le cuivre rouge (cuivre natif); il s'aperçut qu'il fondait à de hautes chaleurs. Mais avant, il avait dû trouver la poterie, sans laquelle rien n'était possible : faire du feu sur des glaises mélangées avait dû lui en donner le secret ; le résultat si simple en apparence de la cuisson des terres, lui donnait d'immenses résultats, il inventait le *creuset*. Alors il put fondre le cuivre dans le creuset qu'il avait inventé.

Mais ce n'était pas tout, il lui fallait un moule !

L'homme, se basant sur ce que le cuivre liquéfié par la chaleur tenait bien dans la terre du creuset, fit ce moule dans la même terre.

La fameuse hache de ses pères est moulée ; ce moule de poterie cuite, combiné pour la dépouille assez analogue à celui à fondre des cuillères d'étain, permit une fabrication qui dut être abondante : les nations s'armèrent ainsi.

Jusqu'ici il y a bien progrès, mais ce n'est rien encore ; l'expérience (des siècles peut-être) prouva que le cuivre rouge résiste mal au temps, que plus il est pur, moins il a de dureté, qu'il manque aussi de sonorité. Longtemps après, le guerrier frappait encore sur son bouclier (de métal aussi) pour effrayer ses adversaires. Ils cherchèrent et trouvèrent mieux que le cuivre seul : ils trouvèrent les alliages, et, chose bien curieuse pour les origines de notre bronze, c'est que l'analyse chimique démontre que ces hommes, antérieurs peut-être aux époques bibliques, avaient trouvé les vraies proportions de l'alliage du bronze qui nous sert encore aujourd'hui, et, chose non moins curieuse, c'est que les localités moins favorisées pour l'étain de l'alliage le remplaçaient par des équivalents de zinc et de plomb.

En voyant là, dans cette exposition de l'histoire du travail : moule en terre cuite, creuset, haches, lames de glaives, puis les chiffres d'analyse, grande fut notre surprise et notre admiration pour les anciens ! Puis aussi pour des modernes, que nous ne voulons pas nommer, qui nous donnèrent comme venant d'eux des proportions que l'on connaissait assurément sous le nom d'airain bien avant Moïse.

Quant à la question de la trempe du bronze, analogue soi-disant à la trempe de l'acier, rien que nous sachions ne justifie cette opinion.

UN MOT

sur la réunion des fabricants de bronze et d'art plastique

Il n'est sans doute pas inutile d'appeler l'attention sur ce que peut produire l'entente de collectivité.

La réunion des fabricants de bronze et d'art plastique, destine tous les ans une certaine somme pour un concours annuel de dessin, sculpture, ciselure, monture, tournure, fonderie. Dans chaque spécialité il y a des prix. Les pièces du concours sont exposées au public du 1er au 8 novembre, de 10 heures du matin à 4 heures du soir, rue Saint-Claude au Marais, 8.

Au même lieu, on a commencé la formation d'un musée, avec des pièces qui ont obtenu des prix à ces divers concours.

Puis, dans le même local a été commencée aussi la formation d'une bibliothèque d'ouvrages spéciaux propres à éclairer nos professions.

Musée et bibliothèque sont à la disposition des travailleurs du bronze pour y puiser les renseignements qui leur seraient nécessaires.

En un mot, la mise en œuvre par les fabricants de tout le projet développé dans notre rapport de ciselure lors de l'Exposition de Londres.

Il y a réellement tant à faire pour l'instruction du prolétariat qu'on ne saurait trop applaudir à pareille initiative.

Puis comme notre devise est *Aide-toi toi-même*, nous désirons voir suivre cet exemple que nous aurions dû précéder.

Nous posons la question à nouveau, et disons pour l'appuyer que si, après l'Exposition de Londres, nous ne réalisâmes pas un local d'étude *à nous*, c'est qu'après avoir tâté le terrain, nous nous aperçûmes bientôt que l'autorisation ne nous serait accordée qu'accompagnée de tracasseries qu'il nous répugne même de qualifier.

Mais aujourd'hui, pensons-nous, à moins de deux poids et deux mesures, nous ne saurions croire que dans une question d'étude il y ait exclusion ou autorisation des uns ou des autres par application de bon plaisir.

ÉQUITÉ DANS LES ARTS

Si, dans des moments de loisir ou d'étude, on visite le musée du Palais du Luxembourg, où sont les œuvres admirables des artistes contemporains, peintres, sculpteurs, graveurs en médailles, etc., dans cette visite l'œil n'est jamais attiré par les travaux souvent si délicats et si mâles des ciseleurs, sculpteurs, qui cependant sont classés dans l'art proprement dit quand il sont composition, puisqu'ils sont admis dans les grandes expositions annuelles.

On semble laisser à néant l'art de la ciselure. Pourquoi ?

Le ministère des Beaux-Arts, dans les mains d'un maréchal de France si passionné pour l'éducation des vers-à-soie, n'aurait-il pas la même aptitude, la même compétence dans les choses d'art général dont il a la haute direction ?

Nous n'oserions le croire.

Et cependant un de nos grands artistes français vient de mourir, et le jour n'est pas éloigné où, demandant où sont les œuvres du célèbre ciseleur Vechte, on nous répondra en baissant la tête : — En Angleterre ! ! !

Nous le déplorons pour l'honneur de l'art français, pour les générations appelées à nous succéder.

Puis aussi parce qu'il est regrettable de voir plus longtemps les œuvres des maîtres dans la ciselure française aller faire école au musée Kensington ou encore, dans les expositions universelles, prendre place dans les vitrines des manufactures étrangères, d'où il résulte une concurrence fâcheuse pour nos manufacturiers par cette *apparence* de supériorité dans les produits.

Que les étrangers, dans les grandes expositions, soient médaillés pour des objets faits par eux, nous y applaudirons ; mais pour des pièces faites par des mains françaises ! nous le déplorons, et nous le déplorons d'autant plus que ces pièces servent de réclames concurrentielles.

Que faire à cela ? nous allons le dire :

Il manque à la ciselure une sorte de consécration par la direction des Beaux-Arts. En effet cette dernière, en ne collectionnant pour nos musées que des choses anciennes dans notre art, lui a fait sans s'en douter un grand tort. Le ministère des Beaux-Arts a semblé affirmer par négation que, s'il ne collectionnait que les choses des époques antérieures, c'est qu'elles étaient supérieures aux choses contemporaines. Il n'en est cependant rien.

Mais les amateurs, qui ne se rendent pas toujours assez compte de leurs préférences, ont suivi d'une façon moutonnière ce mauvais exemple. Et il en est résulté et il en résulte encore que nos artistes libres, à talents originaux, qui auraient dû trouver un encouragement dans le placement de leurs œuvres comme les sculpteurs, les peintres modernes, dont quelques-uns ont peine à suffire aux amateurs, que les nôtres végètent devant ces préventions irraisonnées, se lassent, et vont porter à l'étranger des talents qui ne trouvent pas l'affirmation de leur capacité dans un pays comme notre France.

Si nous appelons l'attention sur cet oubli, c'est que généralement la condition du progrès dans les arts ne vient pas de la négation, mais de l'encouragement qui trouve des imitateurs.

En conclusion il faudrait avoir plus de soin de ne pas délaisser ainsi l'art qui tient au développement de notre belle industrie, de notre commerce, c'est du moins ainsi que l'entendait le grand ministre Colbert.

LA GUERRE

Bien que cela ne fût pas de la ciselure, mais justement parce que la guerre est l'opposé du travail, nous eûmes la curiosité, à l'Exposition, d'entrer dans le pavillon de la Société des secours aux militaires blessés sur les champs de batailles. Là nous admirâmes l'ingéniosité et les progrès accomplis dans la manière de transporter les soldats qui n'ont pas été tués raide, ceux qui n'auront qu'un membre ou quelques membres mutilés.

Réfléchissant que tous ces appareils, y compris les beaux instruments de chirurgie, sont destinés à nos fils et à nos frères de tous pays, nous sortîmes de là pleins d'un beau dégoûtque tout ce philthropique matériel inspirait.

D'autre part, il y avait à l'Exposition des canons en acier fondu du poids de 50,000 kilos et de 38,000 kilos (sans l'affût), puis une assez grande quantité d'inventions, à détruire... largement.

Nous nous demandâmes, devant cette trop puissante organisation des descendants de Caïn : Qu'est-ce que les peuples, les souve-

rains, le dieu des armées lui-même pourraient bien faire de tant
de gloire si les *Te Deum* sont en proportion des massacres que
le nouvel outillage promet ?

L'humanité continuera-t-elle à dépenser les deux tiers de sa
sueur pour s'étrangler elle-même ?

Voilà la question.

O grand Nazaréen ! toi qui envoyas douze va-nu-pieds dire aux
nations que les hommes doivent s'aimer les uns les autres, qu'ils
sont tous les fils du même père, si tu vois ton vicaire lui aussi
frictionner les consciences avec le fusil chassepot et le canon
rayé, dis-nous, qu'en penses-tu ?

D'OU SONT VENUES LES GRÈVES

En tout temps, en tout pays l'histoire de la démocratie se résume
à détester les dictatures, le bon plaisir.

Afin d'éviter toute équivoque, tout malentendu, c'est un devoir
pour nous de dire qu'à Paris, l'absorption de la municipalité
par le pouvoir exécutif a fait sur cette question une profonde
scission entre les gouvernants et les gouvernés.

Par plusieurs raisons, nous l'affirmons en ce qui nous concerne,
nous nous en expliquerons plus loin.

Mais tout d'abord, parce que nos grèves n'ont été que la conséquence de la transformation de Paris, par ces effrénées démolitions,
qui ne devaient, celles qui étaient utiles, être faites qu'avec une sage
lenteur proportionnée aux ressources de la ville : mais il n'en a
pas été ainsi.

Le point de départ de la fausse situation économique dans laquelle nous sommes, et qui durera longtemps encore, fut le renchérissement si outré, si excessif des loyers.

A partir de là, chacun, subissant la pression exagérée de la propriété du local qu'il était obligé de payer fort cher, augmenta le
prix de ce qu'il vendait. Les uns augmentèrent par spéculation,
d'autres pour s'équilibrer, puis encore ceux qui avaient intérêt à
favoriser le mouvement de hausse de toute chose, ceux surtout
qui étaient possesseurs des matières premières et des denrées, s'en-
tendirent fort bien pour crier ensemble que c'était la *fortune
publique* qui venait de monter de la différence.

Voyons comment le *travail* entendait la chose.

Nous ne fûmes pas longtemps à nous apercevoir que cette prospérité n'était que factice.

Même en augmentant le prix du travail, il ne resterait pas davantage aux travailleurs : on gagnerait en *apparence* plus qu'on ne gagnait ; mais en *réalité*, puis que l'on dépensait davantage, qu'y avait-il de fait? Rien : il n'y avait pas progrès pour nous, pas même balance.

Il n'y avait qu'une seule chose d'élevée : ce n'était pas le bien-être.

C'était le niveau de l'argent.

A partir de ce moment, l'exagération du prix de chaque chose devint si extrême, que l'ouvrier ne pouvait même plus suffire aux choses simples, indispensables à la vie.

Que faire?

Il répugnait à notre instinct, si largement libéral, de défendre le pain de nos familles avec la seule arme qui restât en nos mains :

La grève!

La grève! arme inégale dans cet antagonisme social, la grève, ironie de la liberté, arme de désespoir, de misère, dont nous répudions de toutes nos forces la responsabilité, parce qu'elle est une déperdition des forces productrices du pays : charrue laissant le champ du travail en friche, stérilité!

La grève! guerre tournant le dos au but que nous nous proposons ; évaluation du produit non sur les exigences du bien-être général, l'économie, le bon marché, mais évaluation des produits par rapport aux exigences du capital : le diapason étant non dans nos mains mais dans celles des trafiquants de milliards, des manieurs d'argent.

Nous réservant pour plus tard de traiter l'historique de notre grève du bronze, de la différence qu'il y avait des corporations anciennes, qui procédaient par le monopole, à nos sociétés modernes d'ouvriers, qui procèdent par la liberté, la mutualité, ou comme on dit à présent, la *coopération*, si nous entrions dans des détails sur ce sujet, cela nous mènerait à des appréciations qui pourraient de beaucoup dépasser le cadre restreint de ce Rapport.

Ce que nous voulons ici, c'est apprécier seulement la situation qui nous a été faite par la suppression de la municipalité de Paris, en d'autres termes, examiner les conséquences de la dictature du préfet de la Seine.

Mais tout d'abord, la situation exceptionnelle de Paris étant enchevêtrée dans des plébiscites, des décrets, des votes de l'Assemblée législative, il ne nous est pas familier, à nous, hommes de lime et de marteau, de traiter avec souplesse des questions qui côtoient la politique, que nous voudrions bien laisser de côté ; mais cependant, si les racines de certaines choses dont nous nous plaignons étaient là, nous serions bien forcés de les prendre où elles sont.

Afin de ne pas être taxés d'exagération, commençons par des chiffres puisés à des sources incontestables ; il est au moins curieux de connaître les résultats obtenus par ceux qui ont peut-être encore la prétention d'avoir *contribué* (à ce qu'ils disent), à *élever* la fortune publique.

La dette municipale de Paris se résume, tant en sommes inscrites restant dues par la ville au 1er janvier, qu'en dette flottante, à :

Un milliard cent cinquante-trois millions cinq cent quatre-vingt mille six cent quatre-vingt-deux francs, 1,153,580,682 francs.

Afin de donner une idée de l'énormité de cette somme, disons que quand le dix-neuvième siècle aura sonné sa dernière heure, il n'y aura pas un milliard de minutes depuis la naissance de Jésus-Christ.

Ajoutons, au sujet de la dette municipale, que le journal de M. Mirès (*Presse* du 7 janvier 1868), dit que pour un million huit cent vingt-cinq mille habitants de Paris, cela donne 626 francs 80 centimes par individu.

Quelle idée ne doit-on pas avoir de cette sorte de prospérité quand on pense que c'est surtout par impôts sur la consommation qu'il faut servir la rente d'une aussi grosse somme, sans préjudice de ce qu'il faut aussi prélever sur les recettes pour l'administration générale !

Pour faire apprécier maintenant ce que l'on a dû dépenser, disons que par les chiffres du rapport de M. Devinck et de M. Haussmann lui même, les budgets de la ville de Paris s'élèvent à d'énormes recettes ; celui de 1868, par exemple, dépasse 245 millions.

Dans tout le compte de la ville de Paris, compte très-long, peu clair,

qui ne brille souvent que par des mots troubles, après avoir cher-
ché péniblement où était la vérité, il résulte pour nous que dans le
nombre des améliorations tant vantées, beaucoup n'ont semblé des
améliorations que par la manière artificielle de les présenter. Mais
devant l'analyse sèche, il en est autrement, ainsi qu'il est aisé de
le comprendre par un échantillon.

On nous a fait une sorte de grâce de nous affranchir d'une sorte
d'impôt souvent vexatoire, qui pesait sur le plus grand nombre :
nous ne payons plus pour passer sur certains ponts ! Nous avions
cru que cela était vrai, puisqu'on nous l'avait dit : eh bien! c'est
une erreur. Nous continuons à payer, peut-être même plus cher
que par le passé.

La somme du rachat des ponts n'a pas été amortie, elle a été
portée à la dette de Paris pour 9,683,152 francs 50 centimes (neuf
millions, six cent quatre-vingt-trois mille cent cinquante-deux
francs cinquante centimes).

Nous payons l'intérêt de la somme ci-dessus, soit à peu près
quatre cent quatre-vingt-dix mille francs de gratuité par an !

Si maintenant, ainsi que nous nous en croyons le droit, puisque
c'est nous qui payons, le droit public ayant d'autres bases dans
notre société moderne que sous les monarchies du soi-disant droit
divin, et, d'autre part, la municipalité n'est, à notre opinion,
qu'une sorte de fédération dans l'unité de la patrie ; si, après nous
être, dans le calme et souvent dans une pauvreté excessive, bien
rendu compte de cette pression trop lourde sur nous, nous disions
au gouvernement à qui, par le suffrage universel, nous avons dé-
légué le pouvoir, l'autorité nécessaire pour faire le bien :

« Puisque vous êtes armé de l'autorité nécessaire, nous vous
demandons de couper court à ce système déplorable; c'est assez,
c'est de trop pour la moisson des résultats.

On ne transforme pas en une fois une ville comme Paris.

L'excès de démolition a produit :

Excès de dettes,

Excès de rentes à payer,

Excès d'impôts,

Excès de mécontentement.

Nous ne pouvons pas habiter les maisons du bel alignement,
les loyers y sont trop chers. Une partie de ceux qui travaillent

viennent, par tous les temps, de très-loin le matin, font souvent deux lieues, pour rentrer le soir.

La patente doublée retombe de tout son poids sur la nourriture, et ce n'est pas par les recettes si vantées de M. le préfet, *qui nous les fait faire sur nous-mêmes,* que l'on crée le bien-être. Grosse dette et vie difficile pour nous sont là pour le prouver.

Puis encore, dans cette course d'une quinzaine d'années, la responsabilité, ou plutôt le rôle de la commission municipale n'illusionna personne. Son emploi ne fut que de voter. Ses votes de subordonnés, entachés de dépendance, jetèrent une perturbation très-grande dans la solidité des affaires, parce qu'il n'est pas aussi facile de transplanter la confiance que de démolir des maisons avec l'argent des contribuables.

Sous la pression du préfet, on ne s'aperçut pas ou on ne tint pas assez compte qu'en démolissant les vieilles maisons commerciales on renversait du même coup trop d'anciennes réputations bien établies de solvabilité, de probité dans les produits. En faisant, par d'énormes indemnités, des rentiers de tous ces chefs de maisons réputées, en en faisant tant à la fois, ceux qui les remplaçaient dans le commerce ont eu à lutter contre une défiance qu'un grand nombre n'a que trop justifiée et qui pèse encore beaucoup dans le malaise de notre présent.

D'autre part, ramenant tout à un but que nous ne voulons pas apprécier ici, est-ce bien, quand nos industries parisiennes viennent encore d'avoir un succès d'admiration universelle à cette dernière Exposition ; quand notre bronze, sans rival, s'est élevé à des hauteurs que l'on ne dépassera peut-être jamais ; est-ce un parti pris que de vouloir, par la cherté de la vie, rejeter les industries hors de Paris ? Combien émigrent cependant ! Déjà l'imprimerie se réfugie en *province*. Quand nous disons vie, nous voulons dire aussi vie industrielle.

Cette malheureuse question des usiniers (question de recettes toujours) donne du dessous à Paris dans la concurrente lutte du libre-échange ouverte par vous.

Si les produits de manufactures de transformations diverses, de calorique, etc., etc., sont, par l'impôt, plus chers que dans les pays voisins nos concurrents, nos produits manufacturés suivent la même loi, et alors presque toujours c'est le travail, ou, disons mieux, le travailleur qui solde la différence ; ou encore nous vendons moins, et si nous vendons moins, *chômage*, synonyme de misère.

La commission, le préfet, ont-ils tenu aucun compte de tous ces intérêts divers ? Non.

Tailler, rogner, *dictatorier*, créer des Trocadéro; outre les surcharges déjà si lourdes de la vie à Paris, accrocher encore à l'escarcelle des contribuables, malgré eux, des légions de terrassiers, de démolisseurs et d'indemnités fabuleuses.....

La papauté municipale! Partout le dogme de l'alignement et des notes à payer. C'est de cette école, où les complaisants intéressés abondent, que sont sorties ces théories que le simple bon sens réprouve, *qu'une grosse dette est un signe de prospérité !*

Quand l'ouvrier est de beaucoup plus mal nourri qu'il y a vingt-cinq ans, quand sa santé va chaque jour s'amoindrissant par les privations dans la famille, quand l'inexorable manomètre de mortalité dans les hôpitaux de Paris donne pour le mois de septembre (1867) quatre cent douze morts, dont deux cent cinquante phthisiques, ne faut-il pas une bien robuste candeur d'optimisme pour s'extasier devant la prospérité ?

Dernièrement encore, dans une discussion à l'Assemblée législative à propos du cimetière Montmartre (menacé lui aussi de l'alignement), M. Genteur, commissaire du gouvernement, disait qu'à Paris les enterrements de l'indigence étaient de 62 pour 100. Qui donc serait aussi éloquent que ces chiffres de prospérité sociale ?

Continuons.

Que nous importe encore que vos constructions d'églises abondent, s'élèvent, si la moralité descend ! Et nous allons le prouver.

Autrefois, la vraie fille du peuple qui voulait rester honnête, vivre de son travail, pouvait avoir sa petite chambre, une mansarde le plus souvent ; mais rien de plus noble que cette mansarde où habitait le courage dans l'honneur du travail. C'est par milliers que l'on a démoli les logements qu'elle pouvait à peine payer; dans les maisons de l'alignement il y a des mansardes à 3, 4, 5 et 600 francs.

Que faire ?

Alors on a ce navrant spectacle de voir une pauvre femme s'épuisant à lutter pour rester honnête, ou le spectacle plus navrant encore de la voir succomber dans cette lutte pour glisser dans la prostitution patentée ou non patentée que nous renonçons à décrire.

Pour celle qui a persévéré dans la voie de vivre de son travail pour ne payer que son loyer, n'ayant pas d'autres moyens, *elle a diminué sa nourriture !* Voilà le secret. Et à ce sujet, puisque l^e cumul est aboli, nous ne demandons pas à M. Dumas, sénateur, directeur de la Monnaie, secrétaire perpétuel de l'Académie, président du prétendu conseil municipal de Paris, nommé par ? ? ? mais nous demandons au même, à M. Dumas le grand chimiste, ce qu'il estime qu'il y a de principe nutritif dans un déjeuner composé invariablement de dix centimes de café au lait écrémé et de ce petit pain d'un sou dont le volume apparent est dû à la levure de bière !

Nous lui demandons s'il pense que la femme ainsi nourrie peut se faire du sang, des muscles, etc., etc., si elle peut transmettre aux enfants qu'elle aura autre chose que l'épuisement, la débilité héréditaire !

Certes, en d'autres temps, nous ne serions pas médiocrement flattés de savoir que la pierre la plus élevée du nouvel Opéra est ou sera à la hauteur des tours Notre-Dame. Mais nous avons bien d'autres soucis. Lorsque sans microscope on peut voir le beau sang des laborieux qui va s'amoindrissant, quand le décret du 31 août 1863 impose pour Paris une taxe de 2 fr. 10 cent. sur chaque sac de farine, quand cet impôt est venu lui aussi mettre sa langue jusque sur le pain sec de nos enfants, pour Dieu ! qu'est-ce que la prospérité?

Si le Conseil municipal eût été le mandataire vrai de Paris, au lieu de laisser colorer d'un beau prétexte cette nouvelle surcharge, il l'aurait, ce qui était facile, prise ailleurs. Renchérissement du pain par la taxe de 1863 pour créer un fonds de réserve de 12 millions, renchérissement du pain par suite de la cherté du pain, etc., etc.

Continuation du renchérissement pour payer par *compensation ;* en tout déjà cinq ans, et ce n'est pas fini !!!

Si le Conseil municipal eût été le vrai mandataire de Paris, que de choses utiles n'aurait-il pas pu faire prévaloir !

Nous pourrions citer des banlieues annexées qui n'ont pour ainsi dire pas d'eau, et nous sommes à peu près certains que, quand nous aurons payé les canalisations pour de loin amener l'eau à Paris, qui est traversé par un fleuve, nous payerons encore pour qu'elle nous soit distribuée.

Recette.

Nous demandons en conclusion de revenir à cette formule simple :

Le Conseil municipal de Paris sera nommé par le suffrage universel de ses vingt arrondissements.

Et nous ajoutons que c'est dans les légitimes satisfactions du plus grand nombre et non autre part qu'il faut chercher la vraie mitrailleuse des révolutions.

DE LA PRÉVOYANCE PAR NOUS
Devoirs envers la famille

Nous avons dit un peu plus haut que nous aurions bien voulu laisser la politique de côté, mais que cependant, si les racines de certaines choses dont nous nous plaignons étaient là, nous serions bien malgré nous forcés de les prendre où elles sont.

Dans un récent vote à l'Assemblée législative, nous fûmes frappés d'une chose à laquelle nous n'avions jamais fait attention.

Nous voulons parler de la quantité de ducs, marquis, comtes, vicomtes, barons, princes, en tout 89.

Hâtons-nous de dire que quelques-uns sont libéraux ou ont des tendances libérales.

Cependant la relativité n'est plus proportionnelle pour la France moderne, ou, en d'autres termes, la pression administrative amoindrit la majesté de la loi par excès de candidatures officielles, et il découle de là que la majorité du corps législatif n'est pas toujours celle du pays.

Ce manque d'équité dans la pratique du suffrage universel a aussi pour nous, travailleurs, d'autres conséquences que nous expliquerons dans un instant. Mais d'abord dans nos soixante dernières années, n'est-ce pas surtout par le récit des majorités factices, complaisantes ou rétrogrades que l'histoire, dans son impartialité, burinera les noms de Louis XVII, du roi de Rome, du comte de Chambord, du comte de Paris ?

Est-ce donc être factieux que de lire à la clarté de l'expérience que les majorités officielles n'ont produit aux gouvernements qui s'en sont servis que désaffection populaire ?

Nous disons cela parce que si le devoir d'un bon citoyen est d'obéir à la loi votée, c'est aussi un devoir non moins impérieux pour lui que de s'enquérir de la manière dont sont faites les lois auxquelles il obéira.

Si nous ne disions pas comment nous pensons, comment pourrait-on le savoir ?

Pouvons-nous continuer à rester emprisonnés dans un cercle d'espérances ? Réduire la prévoyance pour nos familles à de vaporeuses aspirations ?

Non.

Lorsque le géant aux bras de fer dont la sobriété se réduit à sa ration de houille, qui travaille jour et nuit sans se plaindre ; lorsque la mécanique, en un mot, se substitue de plus en plus aux bras de l'homme, crée des horizons nouveaux, transforme la matière et la civilisation, met en liquidation la vieille société, nous pensons qu'il y a devoir et droit pour nous d'aviser.

Et devant ce flot qui monte, comment aviser à la solution déjà si difficile du problème que nous poursuivons pacifiquement, si nous manquons de libertés suffisantes ?

Si les éléments législatifs sont imprégnés, non de l'esprit de l'avenir, mais d'un passé qui, pour avoir été glorieux parfois, n'en est pas moins aussi distant de notre société moderne que la charrette de la locomotive, le javelot et la fronde des nouvelles armes de précision ;

Si pour l'armement de nos jeunes bataillons, si pour vaincre dans la défense du pays, hallebardes et vieux fusils ont fait leur temps,

Pourquoi donc, nous, soldats de la production, lorsque nous nous élançons à la conquête de la paix par le travail, le libre-échange, pourquoi s'obstiner à laisser peser sur nous le vieux bagage d'une époque où Louis XIV disait : « l'État, c'est moi ? »

Pourquoi tant de raideur à nous méconnaître, à nous barrer souvent le chemin par des tracasseries ?

Dans l'état de la question, qui donc oserait affirmer qu'il n'y a pas dans l'ordre moral, en ce qui nous concerne, des progrès au moins équivalents à ceux accomplis dans l'ordre des sciences naturelles, physique, chimie, etc. ?

Si depuis Papin et Volta, pour amener la vapeur, l'électricité à l'état d'auxilliaire puissant, il a fallu le concours d'hommes de génie de toutes nations, c'est que la méthode démontre que dans toutes les grandes questions de science, de capitalisation, d'armée même, ce n'est que par groupement de remarques s'ajoutant aux remarques que l'on obtient des solutions.

Lorsque l'on voit de nos jours la chirurgie sortir d'un membre humain un os broyé, lui faire repousser un autre os de toute pièce;

En teinture, la soierie tirer ses plus belles couleurs des résidus du charbon de terre ;

En rapidité, un peu d'acide et de zinc porter à la seconde, à travers l'Océan, la parole écrite à tous les continents : qui pourrait donc dire que, par la liberté dans l'étude groupée, les travailleurs, eux aussi, n'extrairaient pas de la pauvreté, le rédempteur sur lequel ils peuvent le plus compter : la révolution par solidarité, prévoyance, coopération libre ?

On dirait que notre but d'émancipation effraie. Cependant il est tout pacifique, et nous, humbles, qui nous connaissons mieux que l'on ne nous connaît, nous sommes fiers de ce que nous nous proposons, et bien qu'il en coûte à notre modestie, nous ne pensons pas qu'il y ait but plus naturel, plus noble, apportant de plus grands résultats que celui que nous poursuivons.

— Bouleversement, nous dit-on. Hélas ! nous rêvons de tuer l'antagonisme sans bouleversement.

— « Utopie ! » Que de beaux volumes faits et à faire avec les utopies de Christophe Colomb, Papin, Fulton, câbles transatlantiques !

— *Mais vous serez dépassés*, nous dit-on encore. C'est pour ne pas l'être que nous demandons à cor et à cri plus d'ampleur dans l'instruction, car il n'y a que les foules ignorantes qui se livrent aux perturbations stériles.

Nous avons plus de foi dans l'avenir, les masses instruites organisent, se disciplinent elles-mêmes.

Mais pour que les transformations nécessaires au prolétariat se fassent sans secousse, il lui faut plus de liberté ; mais pas de cette liberté à qui l'on raréfie l'air à volonté par d'élastiques tolérances, liberté cherchant son droit à colin-maillard avec des casse-cou en police correctionnelle.

Non !

Pour nous former, pourquoi ne le dirions-nous pas? la tolérance n'est pas de notre goût. Nous demandons à ce que les principes reconnus de droit naturel cessent d'être affaire de bon plaisir, soient sanctionnés par la loi écrite, deviennent le droit. Car ce n'est pas liberté, cette sorte d'aumône que nous rougissons parfois d'accepter.

Liberté qui relève de l'autorisation de M. le ministre, de M. le préfet, d'un commissaire de police, heureux encore quand un agent subalterne trop zélé ne se charge pas d'en décider aussi.

En Angleterre, les libertés de propagandes, de controverses étant égales pour tous, les faux systèmes, les vraies utopies sont bientôt ramenés à la saine raison. Chez nous, en étouffant la liberté de discussion, et le mal est là, on étouffe la raison nationale.

Puis, tant que nous y sommes, disons aussi qu'en fait de raison, de liberté, le législateur ne semble pas encore avoir compris que les conséquences du libre-échange s'appliquent peut-être moins aux produits qu'elles ne doivent s'appliquer aux producteurs.

Parce que la concurrence industrielle, quelque courtoisie qu'on mette à la nommer, est une sorte de duel.

— « Duel pacifique, » dit-on ; pacifique avec des industries qui peuvent rester sur le terrain.

Et cependant, pour tenir haut et ferme le drapeau de nos industries nationales, il faut bien le dire :

Le travailleur était loin de se douter que le législateur, qui avait réglé le combat sans le consulter, donnerait à ceux de sa nation une épée moins longue que celle de ses adversaires.

Malgré cela, en ce qui nous concerne, lorsque le libre-échange apparut, nous l'acceptâmes et l'acceptons encore comme une grande chose, l'*avant-garde* de l'entente des peuples !

Mais pour que les peuples s'entendent entre eux, pour que le fer serve plus à produire qu'à détruire, il est nécessaire que les gouvernements s'entendent avec leurs gouvernés. Et pour cela, lorsque l'atmosphère de l'Europe est chargée à haute pression, ce n'est que prudent d'ouvrir à l'avance les soupapes de sûreté.

Car l'histoire nous apprend que ce qui ne se discute pas librement, en plein soleil, se prépare souvent dans l'ombre et qu'il en résulte ces grandes explosions de mécontentements que nous avons tous intérêt d'éviter.

Dernièrement un voisin, un ouvrier, mourait à la peine sur notre champ du travail. C'est avec des certificats d'indigence, des notes du commissaire de police, du curé de la paroisse qu'il a fallu

manœuvrer pour placer (sait-on bien comment!) les trois petits
êtres que ce pauvre père laissait en pleurant.

Et à ceux qui semblent s'être fait monopole de comprendre la
famille, nous dirons que la conscience du triste avenir des siens
est la phase la plus terrible de l'agonie de l'ouvrier qui laisse des
petits enfants, des vieillards.

Devant de tels résultats, le devoir illumine notre droit à nous
organiser nous-mêmes, par une entente mieux appropriée à notre
dignité, à nos intérêts qui souffrent de tant de stérilité.

La cause est entendue, l'expérience a prononcé ; assez de palliatifs.

Secours, bienfaisance, charité, aumône, de quelque nom que
l'on veuille bien vous nommer, si vous accourez sans conditions
politiques ou religieuses, sans arrière-pensée de capter par misère,
vous resterez des vertus, mais des vertus impuissantes à bien tout
faire. Car ce n'est qu'en la solidarité élargie, générale, si l'on peut,
qu'est le remède à tant de douloureuses choses, et c'est pour aller
sur ces choses douloureuses que notre dernier mot est : *liberté!*

Les délégués de la ciselure :

JEAN GARNIER, ciseleur ;
MAYER, ciseleur.

RAPPORT

DE

MONTURE ET TOURNURE

Après le compte rendu de nos collègues ciseleurs, un rapport de monture et tournure semble n'avoir qu'un intérêt secondaire : le premier peut comporter les appréciations artistiques les plus variées, depuis les finesses exquises de certaines pièces d'orfévrerie ou objets repoussés jusqu'aux larges conceptions du bronze monumental ; l'autre, au contraire, est réduit à un résumé technique et ne peut, en nombre de cas, intéresser que les hommes de métier. L'idéal d'un travail de monture étant d'être dissimulé et invisible même, si c'est possible, tout en répondant aux conditions de solidité, il résulte de là qu'une grande partie de ce travail, et souvent la plus difficultueuse, ne laisse, une fois l'œuvre terminée, aucune trace visible des obstacles qu'il a fallu vaincre pour obtenir la pureté des raccords, l'harmonie des contours dans les ornements qui s'enlacent, la correction des lignes anatomiques dans les groupes, figures ou statuettes dont les membres sont rapportés.

Cependant la fabrication du bronze, ayant fait de notables progrès depuis quelques années, a entraîné conséquemment dans sa marche ascendante les différents métiers qui la constituent ; et bien que, comme nous venons de le dire, une grande partie du travail de monture soit généralement dissimulée, les bronzes qui méritent véritablement ce nom en laissent souvent des traces visibles, suffisantes, pour qu'il soit possible de les comparer et les classer entre eux. Aussi est-ce à ce point de vue que nous nous efforcerons de porter notre jugement ; car nous sommes convaincus que, tout en étant réduite à des proportions plus mathématiques que la ciselure, une bonne exécution en monture et en tournure est indispensable pour constituer un bronze réellement artistique.

Cela dit, entrons dans notre sujet.

Parmi les nations étrangères qui avaient exposé des bronzes ayant une plus ou moins grande importance au point de vue de la monture et de la tournure, nous citerons l'Angleterre, l'Autriche, la Belgique, le Brésil, les États-Unis, l'Espagne, le Hanau, la Hesse Électorale, l'Italie, la Prusse, la Russie, la Turquie.

ANGLETERRE

L'Angleterre qui, dit-on, nous approche le plus dans la fabrication du bronze et de l'orfévrerie, en est cependant à une distance considérable pour les travaux où le goût et la délicatesse sont des conditions indispensables. Aussi avons-nous remarqué peu de bronzes qui, dans leur agencement, comportent une monture complexe. Ces guirlandes, ces chutes, ces enroulements qui occasionnent tant de travail sont peu prodigués dans les produits anglais. Il n'en est pas de même pour les travaux de lime qui sont faits avec un grand soin, ainsi que certains objets de tournure.

La maison ELKINGTON, de Londres, offrait aux regards du public quelques candélabres en argent, un service de table vermeil, quelques coffrets Renaissance d'une exécution qui laissait parfois un peu à désirer. Il y avait, en outre, un monument du prince Albert et surtout un échiquier néo-grec émaillé, dont la monture était assez bien traitée, surtout dans les profils.

La maison HUND et ROSKELL exposait le grand vase de milieu de *Vechte*, des grands candélabres Palmiers, d'une exécution à peu près semblable à la maison Elkington.

La maison HAWEL JAMMES, Regent street, de petites garnitures unies, genre flamand, ainsi que plusieurs coffrets bien traités comme lime; une boîte de parfumerie, dont la tournure était satisfaisante.

La maison HARRY EMMANUEL, une fontaine Dauphins, d'une exécution plus faible que les précédentes maisons.

La maison GEORGES TROLLOPE et SON, un grand médaillier ébène, style Louis XIV, large de composition. Là encore les unis étaient supérieurs aux ornements.

JASCON et GRAHAM, *Londres*, une table de salon Louis XIV, convenablement exécutée.

WERTHEIMER exposait une console grillote Louis XIV et un bureau Louis XVI, tous deux satisfaisants d'exécution. Ils se rapprochaient du travail français, surtout dans la composition.

Dans la classe *horlogerie*, l'exposition anglaise avait un certain nombre de pendules à glaces dites régulateurs, et de petites pendules de voyage dont le travail de lime était, comme nous avons dit tout d'abord, très-bien exécuté dans les maisons EDWARD WHITE et JOHN surtout.

La ville de Birmingham, où l'on établit la plus grande partie du luminaire de fabrication anglaise, avait aussi ses représentants, entre autres, BEST et OBSON, qui avaient quelques lampadaires et suspensions, style néo-grec, d'une exécution médiocre.

JOHNSTON frères, avaient des produits de même genre, mais cependant d'une exécution inférieure.

Mais la maison WINFIELD et CIE, la plus importante comme fabrication, avait une quantité considérable de lampadaires, suspensions à gaz presque tous de dessins grecs, lesquels étaient exécutés avec les soins suffisants pour ces produits, qui ne sont jamais vus qu'à une certaine distance. Cette maison avait de nombreux spécimens de cuivrerie d'ameublement et de bâtiments ; nous dirons même qu'elle représente, dans cette spécialité, la haute fabrication anglaise. Nous avons remarqué des colonnes de soutien en tube cannelé et torse remplies de tiges de fer et de fonte coulée ayant une rigidité égale à nos colonnes en fonte sous un diamètre moindre d'un tiers.

Puis enfin la maison PILLP, *de Birmingham*, qui avait aussi quelques lampadaires dont un entre autres, néo-grec, était d'une bonne composition et d'une exécution en rapport, aussi occupe-t-elle, avec la maison WINFIELD, la tête du bronze d'éclairage de la fabrication anglaise.

La maison GAS, *de Londres*, exposait un nouveau système d'appareils à forme renversée, le globe à la partie inférieure. Nous avons remarqué un grand plateau très-bien tourné.

ALLEMAGNE

La fabrique allemande était représentée en première ligne par l'Autriche, qui avait porté une grande précision dans la monture de ses bronzes.

Les moulures, doucines, baguettes, scoties, etc., étaient parfaitement limées. Les ajustages, presque tous sur des parties planes, étaient en général d'une pureté irréprochable. Les champs rentrés, les retours d'équerres étaient d'un fini capable de rivaliser avec les meilleurs maisons françaises.

L'ensemble de la fabrication autrichienne ayant le cachet des bronzes de la restauration, comporte beaucoup de parties unies, ce qui occasionne un travail rectiligne spécial, répondant aux aptitudes particulières des ouvriers allemands. Ajoutons d'ailleurs que la dorure, d'un ton clair, sans être cependant trop éclatante se dispense du bruni, qui détériore tant les lignes architecturales, aussi les plates bandes, les plateaux, les profils de toutes sortes, restent-ils dans toute leur pureté.

C'est dans ce genre de travail qu'excellaient surtout les bronzes de cabinets de la maison KLIN.

Le bronze d'éclairage autrichien était inférieur au bronze de table et de bureau.

La maison HOLLENBACH, *de Vienne*, exposait plusieurs lustres de style divers gothiques, Renaissance, genre turc. Tous d'une exécution et d'une composition médiocre, laissant surtout à désirer dans les départs des branches et les enroulements des rinceaux.

Cependant la maison LOBMEYER, *de Vienne*, lancée dans une fabrication plus coquette, exposait des girandoles et des garnitures de cristaux d'un assez bon goût, qui ne manquaient pas d'une certaine légèreté dans leurs agencements ; dans quelques-unes même, cette légèreté était peut-être un peu poussée trop loin, ce qui retire le caractère du bronze et rapproche de la garniture de bijouterie.

La maison MAYER mérite aussi d'être signalée pour sa fabrication originale, comme composition et sa bonne tournure.

Mais c'est surtout la maison DZIEFDZINSKI et HANNUSIN, qui s'était surtout distinguée pour sa bonne composition de profils et son exécution soignée ; là, au moins, la tournure avait toute l'extension voulue pour donner à elle seule la forme décorative, ce qui se rencontre rarement, même dans le travail français, où elle est toujours traitée comme accessoire et par cela même dissimulée.

HANAU. — HESSE-ÉLECTORALE

Quelques objets d'art, groupes, coupes, d'un travail similaire à celui de la Prusse.

PRUSSE

La Prusse avait quelques pièces d'orfévrerie peu compliquées comme monture.

Comme bronze, elle n'avait que des lustres, dont quelqus-uns avaient un développement colossal, surtout ceux exposés par la maison SCHAEFFER et WALCKER.

En général, le luminaire prussien était supérieur à celui d'Autriche ; mais en revanche, comme reproduction artistique, la Prusse n'avait que quelques petites figures en fonte de fer et était, pour le bronze d'ameublement, très-loin derrière l'Autriche.

BELGIQUE

La Belgique n'avait que peu d'exposants de bronze d'art. La maison de LUPPENS, *de Bruxelles*, avait seulement exposé quelque groupes dont le principal était Amphitrite sortant des eaux, et qui n'étaient qu'ordinaires au point de vue technique.

Le bronze d'église avait de plus nombreux spécimens. Nous plaçons en première ligne la maison BOURDON DE BRUGNES, *Gand*, qui avait exposé une quantité de flambeaux, chandeliers d'église, lustres, ostensoirs, d'une exécution supérieure aux produits similaires exposés dans les vitrines anglaises.

La maison DUFOUR, *de Bruxelles*, quelques accessoires, un maître-autel, mais inférieurs en exécution à la précédente maison.

Et enfin, la maison WILMOTTE FILS, *de Liége*, avait des ornements d'église et un reliquaire assez bien, mais cependant inférieur à la maison Bourdon et Cᵉ.

BRÉSIL

Les produits du Brésil étaient surtout des lampes et suspensions, la tournure était assez bien faite. Ces produits étaient exposés par la maison Tucker.

ESPAGNE

L'Espagne avait très-peu de bronzes, quelques petits lustres gothiques.

Divers marteaux heurtoirs de styles variés.

La maison PONS Y RIBAS, de *Barcelone*, avait un ameublement Louis XV, mais plus remarquable au point de vue de la marqueterie que de l'exécution du bronze ; et la maison MORTILLA, de *Madrid*, une cathédrale gothique d'un travail assez important, mais négligé dans les détails.

ÉTATS-UNIS

Les États-Unis n'avaient envoyé que des lampadaires, pas de

bronze d'art ni d'ameublement; ils représentaient la fabrique de
M. JONSON, *de Boston.*

ITALIE

Quelques petits coffrets, des candélabres moyen-âge, originaux
de composition, et une pendule glace Louis XIV, main-d'œuvre
ordinaire.

TURQUIE

Les quelques pièces de bronze exposées par la Turquie, étaient
surtout exposées comme spécimens de marbres ornemanisés de
bronzes, et n'offraient à ce point de vue rien de très-remarquable.

RUSSIE

Parmi les objets exposés par la *Russie*, la pièce la plus importante comme monture était certainement le modèle de l'église
Saint-Pierre à Saint-Pétersbourg, travail très-important comme
architecture, l'exécution était bien réussie, le soin et même la précision avaient été apportés dans les plus petits détails.

Puis ensuite venaient des travaux plus secondaires, tels que de
grands candélabres, marbres rouges, ornés de bronze et montés de
grands bouquets style Louis X.

Deux médailliers Louis XIV, avec incrustation malachite, azu-
rite et lapis, et quelques garnitures de cristaux de petits coffrets.
La tournure est en général bien faite.

FRANCE

Barbedienne

La maison BARBEDIENNE, qui représente dignement la tête de la
fabrication du bronze d'art, nous a laissé, vu la grande quantité
des objets exposés, dans un certain embarras pour mentionner des
pièces de préférence à d'autres; cependant celles qui peuvent être
citées par l'importance du travail et les difficultés vaincues sont:
le meuble Renaissance, travail très-considérable; le bureau uni
émaillé, monté par M. Maxime Bett; le miroir broche, style Re-

naissance, par M. Dorléans ; les grandes torchères Louis XIV dont nous ignorons l'exécuteur ; la charmante garniture dite Impératrice, la garniture Clodion Louis XVI, une paire de grandes lampes Renaissance. Nous pouvons dire d'ailleurs que la monture de tous les objets exposés était parfaitement exécutée. Nous devons surtout ne pas oublier la grille Renaissance qui entourait l'exposition de cette·maison, et qui, tout en paraissant un travail accessoire d'installation, était très-remarquable par la pureté des contours. Les rinceaux, composés de nombreuses pièces soudées et raccordées, étaient très-harmonieux dans leur enroulement Cette grille, quoique exécutée par plusieurs confrères, a cependant un caractère d'unité dans toutes ses parties, ce qui est une preuve certaine que le travail a été bien conduit.

Nous sommes heureux de constater les efforts nombreux faits par cette maison pour arriver au vrai beau, soit dans la composition artistique soit dans l'exécution des émaux.

Maison Beurdeley

M. Beurdeley, quoique étant plutôt marchand-intermédiaire que fabricant, avait fait exécuter quelques travaux pour l'Exposition. Sans parler de son grand meuble, certainement plus remarquable pour la ciselure que pour la monture, il avait exposé quelques grands vases en porphyre assez bien montés. Mais ce qui échappait aux regards mêmes de certains amateurs, était un petit vase ivoire, pur style Louis XVI, dont une frise découpée laissait des dessins à jour, lesquels étaient ornés d'une multitude de petits fleurons d'une extrême finesse, qui avaient occasionné beaucoup de difficultés, et nécessité pour cela une très-grande précision, dans l'exécution de monture.

Les renseignements que nous avons pu obtenir nous ont appris que ce travail digne de figurer dans une exposition corporative, avait été fait chez M. Léon Loyer et exécuté par M. Boilloit. Nous sommes heureux de pouvoir dans ce cas citer le nom de l'exécuteur du travail, ce que nous regrettons de ne pouvoir faire que dans trop peu de cas.

Maison Busson et Leroux

Fabrication bien traitée; une grande pendule Louis XIV, socle

écaille, très-bien montée, un lustre et une paire de candélabres,
fer et cuivre, l'ensemble de la tournure est très-bon.

Maison Baccarat

La cristallerie BACCARAT avait exposé un très-riche service de
table, style Louis XVI. De grands vases avec anses et ornements
des surtout de table. Le tout très-joli et fait avec grand soin; les
bronzes avaient été fabriqués dans la maison Gaux-Marly.

Maison Cornibert

Fabrication très-coquette, heureuse application des porcelaines
aux pendules, candélabres et lustres. La monture était très bonne;
M. Cornibert avait aussi deux meubles de salon avec ornements
bambous parfaitement faits, qui étaient exposés à la place de la
maison Giroux.

Cristallerie Saint-Louis

L'exposition de garnitures de cristaux de la maison Saint-Louis
avait un incontestable mérite, mais était cependant inférieure à
celle de la maison Baccarat ; il y avait quelques caves à liqueur
d'une bonne exécution. La monture avait été faite chez M. Richard.

Maison Christofle

Parmi les pièces exposées par cette maison, la plus remarquable était une petite toilette Louis XVI, dessin de M. Reiber, architecte. Cette pièce capitale avait été faite avec tout le soin
voulu. La guirlande de fleurs qui serpente sur le trépied est surtout bien mouvementée. Les autres pièces sont généralement
d'une bonne exécution, cependant la ciselure semble être
la principale préoccupation de cette maison, car nous avons vu
quelques pièces parfaitement ciselées et dont la monture laissait
parfois à désirer.

Maison Charpentier

Bonne fabrication. Les torchères à femmes et la jardinière grecque étaient très-bien exécutées.

Maison Cain

Groupes d'animaux bien exécutés, mais la monture n'est que
très-secondaire.

Maison Denières

Cette maison, dont l'ancienne réputation donnait lieu d'espérer des pièces hors ligne, n'avait que des produits ordinaires, qui déjà ont figuré aux Expositions de Paris et de Londres, et sur lesquels il n'y avait plus à former de jugement. Elle a le cachet d'une bonne fabrication classique, mais crée peu de nouvelles œuvres.

Maison Delafontaine

De même que la maison Denières, la maison Delafontaine avait une vieille réputation à soutenir ; nous regrettons qu'elle s'en tienne aux succès acquis et se laisse surpasser par de nouvelles maisons. Sa fabrication actuelle est ordinaire, il n'y avait rien à citer.

Maison Delfaux

Plusieurs petits bronzes de cabinet assez gentiment traités, des profils bien tournés.

Maison Delesalles

Garniture Louis XVI, genre Clodion ; bonne exécution de monture.

Maison Descoles

Bronzes et lampes riches ; cette maison s'est appliquée à faire bien exécuter les modèles nouveaux qu'elle exposait, nous devons surtout citer de grandes lampes Louis XIV très-bien montées, une suspension grecque très-jolie, une paire de lampes Pompadour et une Louis XVI très-bien tournées.

Maison Debruge

Belle petite fabrication, petites pendules et candélabres marbre onyx, garnitures émaillées gothiques, byzantines, toutes bien traitées comme monture et tournure.

Maison Dufour

Fabrication moyenne, comme travail ; une pendule Pandore assez bien montée.

Maison Evrard et Bertin

Les produits de cette maison ont une plus grande importance comme sculpture et ciselure que pour ce qui nous occupe; quoi qu'il en soit, ils sont consciencieusement traités.

Maison Detouche

Cette maison, complétement transformée dans sa fabrication et dans sa manière de faire, avait une bonne exposition; on remarquait entre autres : un surtout de table Louis XVI très-bien agencé, très-riche de composition, et une pendule cristal montée chez M. Loyer par M. *Poix*.

Maison Froment-Meurice

Cette maison avait exposé une grande coupe et deux candélabres cristal de roche très-bien montés; le corps de la coupe, en forme de vasque, était composé de morceaux de cristal de roche réunis les uns aux autres suivant une section plane, une feuillure en plané retenait les segments les uns aux autres, et, pour dissimuler ce mode de monture, un petit feuillage grimpait le long de ces petites bandes de plané. Le tout était conçu et exécuté dans les meilleures conditions voulues. Il y avait aussi une pendule Louis XIV très-bien montée.

Maison Gagneau

Suspensions de styles variés, dont une grecque, bien établie, les profils légers et bien exécutés; mais surtout une jardinière Louis XVI, marbre onyx, montée avec grand soin.

Maison Jules Graux

La fabrication de cette maison est large, mais vise surtout à l'effet; l'exécution, quoique satisfaisante, manque dans les détails.

Maison Graux-Marly

La manière d'établir de cette maison est en rapport avec les grands bronzes qui en font la spécialité. Le grand vase Chasse était hardiment exécuté, lacheminée Louis XIV était bien traitée; nous regrettons que le bureau émaillé soit resté inachevé.

Maison Gravet

Bonne fabrication de commerce ; la main-d'œuvre avait été mieux traitée que dans les produits ordinaires de la maison. Une pendule Louis XIV mascaron n'était pas mal montée.

Maison Giroux

M. Giroux, plutôt connu comme marchand que comme fabricant, avait peu de bronze à son exposition ; les jouets et quelques petits meubles l'emportaient. Les deux meubles *bambous* fabriqués par M. *Cornibert* étaient ce qu'il y avait de mieux en fait de bronzes.

Maison Houdebine

Fabrication de haute fantaisie se rapprochant de celle de la maison *Servant* sans en avoir cependant le caractère sévère; pièces principales : garniture glace Louis XIV, garnitures Renaissance, moyen-âge et grecques, toutes d'un bon goût, bons profils, lignes d'architecture bien soutenues.

Maison Lévy frères

Pendule moyen-âge, Renaissance avec porcelaine, exécution ordinaire. Nous regrettons que cette maison, qui parfois a fait de belles choses, néglige sa fabrication du bronze pour se préoccuper spécialement et exclusivement de la peinture sur porcelaine.

Maison Lévy, ance Maison Vittoz

Fabrication de beau commerce, quelques grandes garnitures bien établies, surtout une grande de style Louis XVI à consoles ; très-ouvragées, bonne monture.

Maison Lemaire

Très-bonne fabrication, pendules de salon très-riches, style Louis XV, rappelle les grandes pièces du beau rocaille ; monture et tournure soignées jusque dans les petites pièces de bureau et d'étagère.

Maison Lerolle

Cette maison avait une exposition composée d'objets d'une valeur artistique incontestable, mais notre avis est qu'elle a abusé du poli, surtout dans ses nombreux spécimens Louis XIV. Le poli ayant pour résultat d'altérer les finesses de la ciselure, la pureté des profils, la netteté des ajustages, il est étrange de voir des maisons qui ont un nom dans la fabrique l'admettre presque comme décoration absolue ; selon nous, nous devons vivre des sensations de notre époque et non retourner dans les ornières du passé : nous préférons de beaucoup un travail moderne bien fait, une décoration légère et artistique qui en conserve les nuances, à ce travail usé par la brosse du polisseur, sous prétexte de simuler le vieux.

Maison Marchand

La grande cheminée polychrome marbre noir qui déjà a figuré à l'Exposition de Londres ; bien montée. Une fontaine œil-de-bœuf moyen-âge Renaissance bien exécutée, et un lustre Louis XIII en cuivre demi-rouge ; bon dans ses enroulements.

Maison Mercier

Bonne fabrication. Petite pendule Louis XVI, bien établie.

Maison Maurice

Garniture porcelaine, pendule assez bien ornemanisée ; le travail manque un peu de sérieux.

Maison Paillard

M. Paillard a soutenu à cette dernière Exposition le rang qui lui appartenait. Sa grande fontaine Renaissance était bien montée. La suspension Louis XIV, bronze or, était très-belle de dessin, et l'exécution répondait à la création artistique. Enfin, les grands bras Louis XIV, Faraoni, et sa cheminée étaient très-satisfaisants. Mais pour le simple amateur, le bronze vert qui donnait, il est vrai, un cachet particulier à cette exposition, était peu flatteur pour bien examiner le travail.

Maison Perrot

Très-bonne petite fabrication. Les petits bronzes de genre de cette maison sont parfaitement faits ; ses torchères grecques, les encriers égyptiens sont faits à l'envi les uns des autres. La tournure était excellente comme dessin et comme travail d'outil.

Maison Pickard-Popow

Fabrique moyenne, genre commerce.

Maison Raingo

Cette maison, dont la réputation commerciale est très-grande, laisse un cachet de commerce à ses œuvres, et quoique ayant des originaux de bonne composition, cette finesse, ce soin que nous avons constatés dans bien des maisons leur font défaut ; ainsi la lime des moulures n'est pas suffisamment adoucie, les enclavages et les profils de tournure manquent de précision ; nous ne saurions donc qu'engager les directeurs de cette maison à suivre la marche ascendantè dans le bien que quelques-uns de leurs confrères ont déjà hardiment ouverte. Cependant une pièce était mieux traitée, nous voulons parler d'un grand baromètre Louis XIV, et aussi une grande garniture Louis XVI, marbre blanc, sauf toutefois la cage marbre de forme carrée dont les arêtes reposaient sur deux lions et leur coupaient légèrement l'épine dorsale, ce qui était disgracieux à l'œil.

Maisons Rollin-Royer Ernest

Ces maisons ont une fabrication d'un commerce propre. Les pendules, surtout des styles Louis XVI et Louis XIV, étaient faites dans de bonnes conditions.

Maison Susse

Cette maison néglige un peu le travail de main-d'œuvre. Les groupes et sujets artistiques qu'elle édite demanderaient un travail mieux soutenu.

Maison Sormani

La maison Sormani, comme fabrique de nécessaires, n'avait pas d'exposition de bronze proprement dite, mais parmi ses petits meubles de salon on remarquait un échiquier néo-grec en bronze et plusieurs petits coffrets, tous bien traités.

Manufacture de Sèvres

Les produits de cette manufacture étaient de nature à lui conserver sa réputation. L'ajustage des anses, des ornements grim-
pant aux corps des vases en porcelaine était arrivé au bien possible. La tournure était parfaitement exécutée. Cette maison était
celle qui, dans ce genre de garniture de porcelaine, avait le mieux
exécuté ; les grands vases Roseaux étaient surtout très-bien.

Maison Servant

Sans entreprendre ce que l'on appelle le grand bronze, la maison
Servant a su donner à sa fabrication un cachet très-distingué. La
monture de ses pendules, candélabres, coupes, statuettes, est parfaitement faite, les lignes d'architecture très-pures, chose essen-
tielle pour le genre sévère de la majeure partie de ses pièces. La
pendule *Ducerceau*, montée par M. Chassé, style Renaissance,
était vraiment faite avec un très-grand soin : la pendule Thétis ne
le cédait en rien. La tournure est très-bonne, la coupe Pandore
était très-bien et de bons profils.

Maison Viot et Comp^{ie}.

Cette maison offrait un grand nombre de spécimens de pièces
très-importantes et qui méritaient un examen spécial. Comme
pour la maison Barbedienne, l'appréciation sur la composition
artistique et sur l'heureuse application des émaux ayant été faite
dans le Rapport de ciselure, nous devons traiter ici simplement
la monture. Nous citerons d'abord la grande garniture femmes
marbre et bronze, ornements Louis XIV, qui était très-hardiment
exécutée. Le dessin des draperies avait, pour donner plus de légèreté à l'exécution en bronze, réservé des portions où l'on aperce-
vait les chairs nues au milieu des jupes en marbre. Ces parties
de bronze étaient parfaitement ajustées dans le marbre et bien des-
cendues au plan anatomique des autres parties du corps cachées
par la draperie, mais dont les lignes se dessinaient visiblement.
Les grands vases têtes d'éléphants étaient très-légèrement montés,
et bon nombre d'articles ne le cédaient en rien à ceux-là. Mais nous
devons encore citer une paire de grands vases, lampes en marbre
bleu turquin, dont l'exécution mérite aussi d'être mentionnée.

MEUBLES

Maison Dhil

Parmi les fabricants de meubles, la maison qui s'était surtout signalée était la maison Dihl. Le médaillier Mérovée, sculpté par Frémiet, la jardinière néo-grecque, étaient un bon travail ; un guéridon Empire était, ainsi que toutes les autres pièces, monté avec grand soin ; la monture en a été faite par MM. Heurteaux et Malarmet.

Maison Grohé

Hors de concours, avait un meuble Louis XVI d'une exécution irréprochable.

Maison Roux

Une bibliothèque Louis XIV, très-bien exécutée.

Maison Bourdillon

Une table riche, style Louis XIV.

Maison Gradé

Un meuble de salon Louis XVI, bien fait.

Maison Alexandre et fils

Un meuble-bibliothèque, poirier et ivoire, entouré de bandes unies bien ajustées.

Maison Mercier

Un meuble milieu de salon Louis XVI, bien traité.

GARNITURE DE FOYER

Maisons Bion, Gillet, et Bouret

Les produits de cette maison sont satisfaisants, sans avoir cependant l'aspect des maisons Clavier et Morisot dont nous parlons plus bas. Quoiqu'il en soit, tous les jours, cette branche du bronze fait de notables progrès et s'élève parfois au fini des garnitures de cheminée.

Maison Clavier

Cette maison vient ensuite. Le travail est bien fait; on peut même dire qu'il est fait avec finesse, mais il est moins dans le sentiment de la galerie que celui de la maison Morisot. Cepenfeux Louis XV étaient très-riches et larges d'ornementation. Monture et tournure soignées.

Maison Morisot

Cette maison tient la première place dans ce genre de fabrication; elle avait un choix de garnitures de foyer, très-riche et large d'ornementation, surtout la galerie Chimère, monture bien faite.

APPAREILS D'ÉCLAIRAGE
Maison Chabrié

Un grand lustre flamand demi-bronze et platine, et quelques suspensions.

Maison Golzer

Bras gothique très-léger, quoique au gaz; les branches étaient très-belles, et les grands bras Louis XIV, à enfants.

Maison Lacarrière

L'exposition de la maison Lacarrière était très-belle. Lustres, bras, grands candélabres, lampadaires, appareils de billards se trouvaient dans cette exposition; toutes ces pièces étaient d'une bonne exécution, surtout le grand candélabre Louis XIV poli, que l'on nous a dit être monté par M. Coquelle.

Maison Lecoq

Un grand lustre en tubes hardiment dessiné, et un autre grand Louis XIV.

Maison Fréville

Une belle suspension grecque bien exécutée.

Maison Nicolle

Spécialité de suspensions, moins bien réussies.

Maison Travers

Quelques lampes riches et suspensions grecques.

CUIVRERIE DE BATIMENT

La cuivrerie avait aussi ses représentants, parmi lesquels on comptait des fabricants spéciaux, mais aussi des commissionnaires, des serruriers établissant eux-mêmes. Nous devons nommer d'abord M. Huby, serrurier, dont la fabrication est excellente et d'une supériorité incontestable; nous pouvons, citer parmi ses articles exposés, une serrure Louis XVI déjà mentionnée d'une façon spéciale par nos collègues ciseleurs, et qui peut l'être également pour la monture et la tournure ; une série de petites clefs découpées selon des dessins Renaissance finement exécutés, ainsi qu'une variété de poignées unies qui ne le cèdent à rien.

Vient ensuite la maison Bricart et Gauthier, quincailliers, dans l'exposition desquels nous avons remarqué des poignées de portes-cochères très-bien tournées, des profils purs et bien conservés. Cette maison se fait aussi remarquer par les soins qu'elle apporte à l'ensemble de sa fabrication.

Puis vient la maison Fontaine et Vaillant, qui offre une grande quantité de serrures d'appartements d'une bonne exécution. La maison Fontaine-Vaillant a tenté l'application des émaux à sa fabrication. Leurs premiers spécimens nous font beaucoup espérer de ce décor, là surtout où l'ensemble de l'ameublement artistique permet de l'harmoniser.

Les maisons Rivain, Gaillard et Lesaulnier, dont les expositions étaient spécialement composées d'articles d'écurie, établissent aussi dans des conditions satisfaisantes ; nous avons remarqué des boules et ornements de stalles d'une bonne exécution comme tournure et travail de lime.

La maison Rabourdin fabrique la même spécialité que celle ci-dessus, mais apporte moins de soin dans son exécution.

Enfin la maison Prudhomme, quincaillier, dont la fabrication est abondante, mais dans des conditions d'exécution secondaire.

Une des causes de l'infériorité des produits de cette maison est, nous en sommes persuadé, l'abus du travail en province; ce mode de fabrication, qui donne un bon marché relatif et apparent, occasionne une concurrence désastreuse pour ses confrères, mais de plus il offre cet inconvénient au point de vue artistique de n'occuper que des producteurs qui, par leur isolement de toute autre manière de faire, ne connaissent que celle de leur maison, ce qui développe la routine et annule complétement l'émulation qui résulte du contact des travailleurs de la même industrie.

Parmi les nations étrangères, il n'y a qu'en Angleterre où la cuivrerie d'ameublement donne lieu à une fabrication spéciale nous avons à cet effet cité la maison Windfield.

Après avoir examiné les vitrines de la cuivrerie de bâtiment, nous avons le regret de constater un déplacement de cette fabrication, laquelle tend à devenir de plus en plus la propriété des quincailliers, des serruriers et à échapper des mains des fabricants. Il semblerait que ce qui se passe là est un exemple vivant de cette vérité, si souvent énoncée, que la multiplicité des intermédiaires est onéreuse à la production, en grevant les produits sans leur apporter, à beaucoup près, une modification en rapport du surenchérissement.

Aussi cette fabrication, réduite aux dernières limites du possible, semble ne plus pouvoir fournir aux deux bénéfices du fabricant et du commissionnaire. Un autre cause a pu y contribuer aussi. Les fabricants, spécialement préoccupés d'établir à bon marché, se sont dirigés exclusivement dans cette voie en employant les matières inférieures et ne laissant au travail que des prix de beaucoup insuffisants, et par cela même ont négligé la concurrence du côté artistique, en laissant aux commissionnaires et serruriers l'initiative de cette régénérescence, qui là, comme partout, doit s'opérer pour répondre au développement du beau et du bien.

Après avoir examiné les produits de notre industrie comme il convenait à notre fonction, nous sommes restés profondément convaincus du progrès que toutes les branches du bronze ont accompli à l'envi les unes des autres.

Le bronze d'art proprement dit est arrivé à un tel degré, que si l'idéal artistique était déterminé, nous oserions dire qu'il est atteint.

Dans le bronze imitation, chaque Exposition, et cette dernière particulièrement, marque un nouveau progrès, réalisé par cette jeune industrie, qui déjà a reproduit les chefs-d'œuvres de la statuaire antique et n'hésite plus à éditer les meilleures œuvres de nos sculpteurs contemporains.

Quant au bronze d'éclairage, jamais il n'avait produit des torchères, des lustres, des bras d'une composition aussi riche, d'un fini aussi accompli.

La cuivrerie elle-même ne le cède en rien, puisque quelques-uns de ses produits ont été cités parmi les mieux réussis de l'exposition.

BRONZE D'ÉGLISE

Après la France, qui, là aussi, gardait la supériorité, ainsi qu'un plus grand nombre d'exposants, l'Angleterre a dans cette partie une supériorité sur les autres nations.

Les grands bronzes et pièces d'orfévrerie de la maison HART et SON ne manquent pas d'une certaine valeur, ainsi qu'une grande torchère en fer.

La maison SKIDMORIS exposait des chandeliers-lustres, lutrins qui laissaient peu à redire comme travail de tour et de lime.

Maison Bachelet

Le bronze d'église était, ainsi que le bronze d'art, dignement représenté. La maison *Bachelet* avait une châsse moyen-âge, treizième siècle, dont l'exécution était assez bonne,

Crédit des Paroisses

Cette maison, préoccupée de la fabrication de toutes sortes d'accessoires d'autels et chasublerie, ne s'était pas spécialement appliquée au bronze qu'elle avait exposé; aussi n'y avait-il que son autel qui pût être cité.

Cailliat (de Lyon)

Les principales pièces de cette maison, exécutées d'après les dessins de M. Franchet, architecte, étaient largement exécutées dans leur ensemble, manquant un peu dans les détails ; cependant le reliquaire gothique était assez bien traité.

Maison Poussielgue-Rusand

Cette maison, la plus importante dans la fabrication de ce bronze, s'était signalée par la largeur de ses pièces; mais le fini de l'exécution ne répondait pas complétement aux dessins, entre autres l'autel de la cathédrale de Quimper, ainsi que celui de la ville d'Amiens, dus aux dessins de M. *Viollet-Le-Duc*, ne répondaient pas, comme travail de monture, à l'ampleur de la composition.

Les petites pièces de cette maison, telles que flambeaux, croix d'autels, ostensoirs, petits reliquaires, étaient supérieures, comme travail de monture et de tournure, aux grands bronzes.

Maison Trouillet

M. Trouillet avait exposé un reliquaire moyen-âge à clochetons, dont le travail était très-bon. Les grands candélabres gothiques ne le cédaient en rien; la monture des petits clochetons était très-bien dissimulée dans les ajustages.

Notre collègue chargé d'apprécier spécialement le bronze imitation s'étant désisté de son mandat, nous n'avons pu porter notre jugement qu'au point de vue de la forme et non rentrer dans les détails de la fabrication; nous avons donc confondu notre appréciation avec nos collègues ciseleurs.

DES BRONZES ANCIENS ET MODERNES

au point de vue de la monture

A notre époque, où l'amour du bronze rétrospectif entraîne loin de toute appréciation raisonnable bon nombre de soi-disant amateurs, il est indispensable que notre rapport combatte cet engouement si peu compréhensible.

Qu'un chef-d'œuvre ancien soit estimé, rien n'est plus conforme au sentiment artistique. Mais aimer le vieux parce qu'il est vieux seulement, peu importe s'il est informe, nous paraît-être le dernier degré de l'aberration du bon goût et de l'amour des belles formes. Nos collègues ciseleurs ayant insisté sur ce sujet en ce qui les concerne, notre devoir est de comparer les travaux modernes aux anciens en ce qui se rattache à notre métier, Or, si l'on compare les montures des pièces des styles Henri II, Louis XIII, Louis XIV, Louis XV, et même Louis XVI, quoique ce dernier plus coquet, plus délicat dans ses ornements, nécessitât déjà un plus grand soin dans les assemblages, on remarque que ces pièces, dites d'époque, sont montées de la façon la plus vulgaire, les vis ou écrous sont d'un volume considérable, toutefois complétement inutile aux conditions de solidité ; de plus, elles sont placées au milieu des parties les plus saillantes afin que nul n'ignore qu'il y a des pièces rapportées les unes aux autres.

Dans les bronzes modernes au contraire, les montures sont dissimulées de telle sorte qu'elles ne détruisent en rien la pureté des lignes, l'harmonie des formes, tout en offrant plus de solidité par leur multiplicité, malgré leur réduction de volume.

Mais la fièvre des vieilleries entraîne à un tel point les acheteurs bénévoles que la routine même, que l'on critique tant ailleurs et avec raison, n'est plus, à beaucoup près, suffisante pour les satisfaire ; il faut aller plus loin, et jusqu'à copier servilement les époques passées, leurs manières de faire, si grossières comparativement aux procédés que les arts industriels modernes ont à leur disposition. Et, nous osons à peine le dire, combien de fois, pour donner au possesseur d'un bronze vendu comme vieux (quoique tout récemment exécuté) le charme d'une illusion complète, a-t-on fait oxyder les montures en fer et couvrir celles en cuivre d'une couche de carbonate ou de sulfure ! Eh bien, n'en déplaise à ces propagateurs de chic et de modes bizarres, qui se prêtent pompeusement le titre d'amateurs, jamais la monture des bronzes n'a été faite avec autant de principe, n'a exigé dans son exécution autant de bon goût et de connaissance de la ligne.

C'est surtout dans ces riches garnitures de marbres et de cristaux, comme nous en avons citées dans les maisons Barbedienne, Viot et compagnie, Baccarat, Saint-Louis; dans les montures de porcelaines, comme la manufacture de Sèvres nous en offrait de si parfaits spécimens; c'est là, en un mot, où le soin et la légèreté dans le travail sont des conditions absolues, que la monture moderne excelle. Et ici, tout ce que nous venons de dire pour la monture s'applique également à la tournure.

Cet amour systématique des œuvres du temps passé se manifeste non-seulement pour le bronze, mais aussi pour les vieux meubles, etc., ce qui a fait dire avec vraisemblance à un publiciste et historien spirituel que le goût moderne se dirigeait vers le rococo et le bric-à-brac. Mais il faut que le public acheteur reconnaisse qu'il a été dupé pour revenir à un goût plus pur et s'apercevoir que, sacrifiant le vrai sentiment artistique au désir aristocratique d'acquérir ce qu'il pense ne pouvoir être possédé par d'autres, il paie au vendeur de vieilles choses une plus-value considérable arbitrairement fixée, laquelle versée dans la fabrication contemporaine, lui donnerait des produits de beaucoup supérieurs et contribuerait au développement de l'industrie.

Mais laissant bien loin les opinions erronées des pessimistes de l'art moderne, nous avons pleine confiance dans cette grande fabrication, une des gloires de l'industrie parisienne, car elle suit aussi cette grande loi du mouvement progressif dans l'art.

RAPPORT DE MONTURE

CONSIDÉRATIONS GÉNÉRALES ÉCONOMIQUES

Notre tâche serait incomplète si nous la limitions au simple examen des produits de notre industrie, si nous nous bornions à constater les progrès que nous avons remarqués dans leur fabrication. Contrairement à ce qu'en prétendent les admirateurs systématiques de tout ce qui est ancien, mais après avoir apprécié les développements acquis dans l'étude du vrai et du beau, il nous reste encore à déterminer les considérations générales, à affirmer les principes qui ont dominé notre esprit dans ce travail.

On a dit que les rapports rédigés par les délégués ouvriers devaient être les annales des travailleurs, il nous importe donc, en nous adressant à l'opinion publique, de lui faire connaître tout ce que nous pensons.

Au milieu des préoccupations économiques qui absorbent tant d'esprits et qui sont un des signes caractéristiques de notre époque, une première obligation nous est imposée. Il nous faut d'abord exposer publiquement notre opinion sur la coalition et sur sa résultante : la grève ; il nous faut discuter les critiques dont les ouvriers en cessation collective de travail sont l'objet ; il nous faut enfin répondre aux accusations de toute nature dirigées contre nous, et pour cela nous déclarons hautement que la grève n'est qu'une conséquence logique de l'ordre économique dans lequel nous vivons, une nécessité défensive transitoire, et non point le résultat de passions, d'erreurs ou d'ignorance des questions économiques, encore moins l'idéal de nos efforts collectifs.

Pour le démontrer méthodiquement, qu'il nous soit permis de rappeler ce qui a été dit en nombre de cas et par bien d'autres que nous : à savoir qu'en vertu du système de production actuel, le travailleur n'est qu'un élément passif, un moteur animé auquel on ne laisse que rarement la faculté de travailler avec son originalité propre ! Après l'avoir salarié, on se croit quitte envers lui sans qu'il ait à réclamer une part dans le développement du bienêtre qui résulte de l'augmentation toujours croissante de la production. C'est justice, a-t-on dit ; n'ayant aucune responsabilité, n'engageant ni son avoir, ni son crédit, ni son honneur, il ne peut avoir droit à cette richesse progressive puisqu'il n'en court aucune des chances.

S'il est vrai qu'au point de vue commercial le producteur n'assume aucune responsabilité, on ne peut nier cependant qu'il en existe pour lui une tout intime et qui se répète chaque jour, celle de son bien-être et de celui de sa famille ; on ne peut lui récuser les charges que nécessitent la sécurité de son avenir, le développement de son intelligence, le soin de ses plus chères affections. Or, nous le demandons aux satisfaits du jour, à ceux même qui ont si grande horreur de toute revendication, cette responsabilité, qui a son caractère et ses exigences particulières, ne justifie-t-elle pas la garantie que le travailleur réclame ? ne lui impose-t-elle pas impérieusement l'obligation de repousser ces réductions incessantes que le commerce ou plutôt la spéculation tend à faire peser presque exclusivement sur lui ?

Déjà, à ce sujet, nos confrères délégués à l'Exposition de Londres de 1862 s'exprimaient ainsi qu'il suit : « Non, les conditions ne sont pas égales entre le travailleur isolé, offrant ses services, et le capital collectif qui les marchande, si, pour défendre ses intérêts, il lui est impossible de se concerter, si l'action collective lui est interdite. » C'est qu'il faut au moins, Messieurs, pour que la question d'offre et de demande ne soit une mystification pour aucun des intéressés, que les partis en présence disposent d'une force équivalente.

La loi de 1864, tout en ne nous reconnaissant ce droit que d'une manière incomplète et équivoque, souleva cependant des clameurs dans les rangs des pessimistes épouvantés ; ne pouvant comprendre que jusque-là leurs priviléges n'avaient été garantis que par l'oppression, et qu'il n'y a d'autre ordre réel, absolu, que celui qui résulte de l'équilibre des forces et de leur libre et sage expansion, ils attribuèrent à son influence les grèves qui se produisirent spontanément et l'envisagèrent comme la seule cause des perturbations qu'occasionnent inévitablement ces luttes du travail et de la spéculation.

Nous croyons, nous, que c'est supposer une certaine naïveté aux ouvriers, de prétendre qu'ils n'ont fait usage des bénéfices de cette loi que par cela même et seulement qu'elle existait. Nous repoussons ces assertions, nous affirmons au contraire que les grèves qui se sont produites répondaient à des besoins depuis longtemps comprimés ! Et si l'on veut rechercher leur véritable cause, on la trouvera dans le progrès lui-même, dans cette force d'entraînement qui sollicite l'humanité vers un développement perpétuel de vie morale et matérielle, dans ses aspirations si légitimes vers ce bien-être qui augmente les forces sociales et productrices et rend à son tour la prospérité plus abondante. En un mot, le nœud gordien des grèves est tout entier dans cette anomalie qui fait que la richesse collective vers laquelle devrait tendre l'ensemble des choses, loin de développer le bien-être de tous, ne devient le partage que d'un petit nombre pendant que les masses séjournent perpétuellement dans un état presque misérable.

Alors qu'il est prouvé par les économistes de toutes les écoles qu'une génération ne consomme pas ce qu'elle a produit, lorsque de plus les progrès des sciences techniques et abstraites ont dompté et utilisé les forces de la matière (ce dont l'Exposition nous offrait un gigantesque tableau) et, par leur concours simultané, ont augmenté dans des proportions considérables le rendement de production pour une même somme de dépenses et d'efforts ; que de plus, en s'emparant du travail pénible et rudimentaire, les machines laissent à l'homme la haute direction de ce travail ainsi que les préoccupations d'un ordre plus élevé, d'où vient que, malgré ce développement de richesse collective, la condition des salariés reste la même ou ne s'améliore que lentement et à l'aide d'efforts et de sacrifices ? C'est qu'en vertu de l'insolidarité des éléments sociaux et de la division des intérêts qui en résulte, la presque totalité des excédants de production devient la proie du spéculateur lors même que toutes les forces sociales, naturelles ou physiques y ont contribué.

Cet antagonisme des intérêts sociaux, déjà signalé tant de fois, est encore la cause de cet esprit de réaction qui s'est manifesté a différentes époques, surtout à celles des grandes transformations industrielles, contre l'application des forces mécaniques à la production; il se traduisait alors par des violences regrettables, soit en brisant les métiers ou en proscrivant l'emploi des machines, soit en maltraitant les grands inventeurs (1) ; c'est qu'en effet les

(1) L'histoire économique raconte qu'au dix-septième siècle, des tisseurs anglais qui avaient introduit dans leur pays le métier à tisser des bas, durent se cacher pour travailler et user de stratagèmes pour livrer leur travail. En Hollande, des faits semblables se produisirent lors de l'invention du moulin à scier le bois, et nous connaissons les difficultés de toute nature que Jacquart rencontra pour le récompenser de sa magnifique invention.

travailleurs, que l'on a si peu initiés aux saines théories économiques qui ne sauraient trop préconiser l'application des machines, si peu intéressés d'ailleurs à leur introduction, ne les considéraient que comme des concurrents dont ils redoutaient l'action en raison directe des bons résultats qu'elles pouvaient donner. Aujourd'hui même qu'un progrès incontestable s'est réalisé sur ce point, nous sommes dans la vérité en disant qu'il y a encore des esprits qui, en face des développements de la mécanique, voyant surtout les débouchés qu'elle a ouverts à l'activité humaine, n'osent la condamner, mais qui souhaiteraient bien que ses chefs-d'œuvre fussent placés dans des musées ou conservatoires sans jamais être vulgarisés ni appliqués à l'industrie.

Il ne faut pas trop s'étonner de ces opinions, quelque erronées qu'elles soient, dans l'état actuel des choses ! A qui et à quoi servait et sert encore ce progrès en mécanique? Quelquefois au maître d'usine, toujours au capitaliste, lequel, augmentant ses chances de fortune, ne se rend nullement solidaire des conséquences du déplacement et des perturbations qu'occasionne l'introduction de ces nouveaux engins de production.

Quant aux travailleurs, ils n'ont en partage que le chômage, immédiatement amené par la réduction du nombre de bras employés, et la concurrence subite qui en résulte et qui fournit des conditions favorables à l'application de mesures réglementaires plus rigoureuses.

Mais hâtons-nous de répondre à cette objection qui pourrait nous être faite : Que, réduisant les frais de fabrication et par conséquent le prix de revient, l'industriel peut baisser son prix de vente et faire ainsi profiter le consommateur. Il nous est d'abord permis de douter que cette réduction soit réellement celle que les produits pourraient subir, mais ce n'est pas là ce qui nous intéresse le plus quant à notre sujet présent. Ce qui est hors de doute, ce qu'il importe surtout de constater, c'est ce préjudice causé aux déplacés devenus victimes de ce progrès spontané qui en fait souvent des manœuvres alors qu'ils étaient artisans ! Et au risque de nous répéter, n'est-ce pas encore à cet état d'insolidarité qu'un poëte a appelé duel social, que remonte la source de cet antagonisme entre l'individu et la collectivité ! N'est-ce pas à l'organisation économique tout entière qu'il faut imputer la répulsion, la haine même qu'inspire tout progrès industriel parmi ces nombreux déclassés que l'on abandonne seuls, et sans aucun moyen pour se produire à nouveau, dans une société incohérente !

. Il est un lieu commun où se rencontrent les rapporteurs officiels et officieux, c'est la prospérité industrielle indiquée dans les revues et annales techniques, ainsi que l'augmentation progressive du mouvement commercial constatée dans les enquêtes des Chambres de commerce, d'où ils déduisent que, le chiffre des transactions augmentant et se multipliant, la prospérité générale s'accroît chaque jour. C'est à nous de constater si le fait est réel pour les producteurs, ce dont on se préoccupe peu et que l'on ignore même en partie dans les hautes régions officielles.

Certes, si l'on ne regarde que la tête de l'industrie, si l'on examine ces usines qui occupent toute une population, si l'on relate le mouvement de nos docks et de nos entrepôts, ces rapporteurs ont une apparence de raison ! Mais, descendant de ces hauteurs, il suffira, pour apprécier à sa juste valeur cette prétendue prospérité, d'observer la vie de ces nombreuses familles de travailleurs dont le salaire est insuffisant pour satisfaire aux plus impérieux besoins, pour répondre à toutes les éventualités de l'existence, ces familles dans lesquelles on se débarrasse d'un enfant comme d'un trop lourd fardeau aussitôt qu'il peut produire dans un travail des plus élémentaires, sans pouvoir s'occuper de lui procurer la moindre instruction et au risque d'étouffer en lui les premiers germes d'intelligence.

On se rappelle, à ce sujet, que dans le rapport publié en 1865 par M. le Ministre de l'instruction publique, il n'y avait en France, sur 4,018,427 enfants de 7 à 13 ans, que 3,133,540 qui fréquentassent l'école primaire, et près de 900,000 n'y étaient même jamais entrés. Or, tenant compte du besoin d'éducation qui devient chaque jour plus absolu et qui nécessite une instruction au moins élémentaire, on peut déduire de ce document officiel que là où, indépendamment de difficultés d'un ordre spécial, l'enfant ne peut fréquenter même l'école primaire, c'est que la misère est voisine du foyer. De récentes statistiques plus concluantes encore nous ont appris que, dans les départements les plus riches en industrie, on comptait en moyenne 1 indigent sur 5 ou 6 habitants, démontrant ainsi que l'opulence exagérée, scandaleuse de quelques-uns, privait les autres de leur nécessaire et engendrait pour la plupart misère et avillissement.

Il est donc aisé de démontrer que cette prospérité, tant glorifiée dans les rapports gouvernementaux, n'est que superficielle, qu'elle n'effleure que quelques couches de la société, sans même atteindre celles qui la produisent, qu'elle ne sert qu'à fortifier les monopoles de toutes sortes que le capital s'est attribués au dépens des plus pauvres. Eh! que nous importent à nous ces richesses, dites inépuisables, pour le service des grandes entreprises? Nos fils ne savent pas lire parce que l'atelier, remplaçant prématurément et exclusivement l'école, a atrophié leur intelligence. Que l'on fasse des lois pour y remédier, et ces lois resteront lettres mortes; palliatifs impuissants, elles seront sans force contre le père de famille que l'impérieuse nécessité contraint à faire travailler ses enfants pour compléter un salaire au-dessous de ses besoins. Ces déclarations n'ont pour nous aucune valeur, elles démontrent le néant de votre système, car la prospérité générale ne peut exister que là où la vie heureuse a pénétré jusqu'à l'élément infinitésimal de la société : la famille!

En produisant ici une opinion contraire à d'autres déjà émises, notre but n'est rien moins que de combattre cette tendance à trouver tout dans les meilleures conditions possibles, triste sophisme qui consiste à se faire une illusion volontaire pour ne point voir le mal réel. Aussi sommes-nous convaincu que nous remplissons notre mandat de délégués en constatant les besoins, en formulant les aspirations économiques des classes ouvrières; nous croyons même faire acte de patriotisme en développant ainsi ce que nous savons être la vérité, au risque de faire entendre parfois des notes discordantes. C'est pourquoi nous ne pouvons résister au besoin de produire nos appréciations sur les théories économiques qui se manifestent actuellement, et dont les propagateurs se multiplient de toutes parts.

L'école économique actuellement accréditée auprès des différentes chaires dont l'audition est accessible au public, et que l'on pourrait qualifier d'économie légale, a pour objet, sous prétexte de liberté, de justifier tout ce qui existe, même les abus, et surtout de détourner le peuple de toute passion, de toute action brutale, comme ces derniers siècles en commirent en raison des disettes et même des famines intermittentes qui se produisirent. Comme ces économistes, nous sommes partisans de la liberté; comme eux, nous sommes convaincus que la violence d'une population exaspérée, s'opposant par tous les moyens tantôt aux exportations quand elle craignait la famine, tantôt aux importations alors qu'elle redoutait l'avilissement du prix des produits et de la main-d'œuvre, n'avance en rien la condition économique d'une société ; nous savons également que la solution des questions qui touchent à nos intérêts sociaux préoccupe à cette époque un grand nombre d'esprits éclairés, qu'elle est l'objet d'études laborieuses et méthodiques, d'une élaboration perpétuelle, et en ce moment nul n'ignore être dans une période d'élucubration ; mais où la divergence d'opinions se manifeste surtout, c'est dans cette justification absolue du principe spéculatif que ces économistes sanctionnent sous l'apparence de la liberté, du respect de la propriété et de la légitimité des services de quelque nature qu'ils soient.

Nous ne pouvons accepter ces théories comme idéal en raison des dangers qu'elles comportent. L'expérience chèrement acquise en cette matière a mûri les esprits et démontré que la spéculation présidait à toutes les phases du mouvement économique depuis la production, les transactions ou échanges jusqu'à la consommation. Or, qu'est-ce que la spéculation, si ce n'est l'ensemble des moyens non prévus par la loi ou insaisissables à la justice de surprendre et de s'approprier le bien d'autrui? Il est d'ailleurs impossible de nier son action ; aussi les travailleurs sont-ils pénétrés de cette triste vérité énoncée par un économiste profond : « Que, de toutes les sources de la fortune, le travail est la plus précaire et la plus pauvre. »

Il est évident qu'en vertu de cette liberté absolue et sous l'apparence de transactions régulières, de réalisations facultatives d'exercice légitime de la propriété, enfin et même sous la qualification de commerce honnête sévissent sans nul empêchement le charlatanisme, le chantage, que l'on appelle trop légèrement adresse commerciale, les mille et une combinaisons spéculatives à l'aide desquelles soit collectivement, soit individuellement, on extorque des services réels en échange de services illusoires ou pour lesquels on demande des rétributions de beaucoup au-dessus de leur valeur.

Quelquefois même la spéculation prend une forme gigantesque; on l'a vue se placer à côté d'industries depuis longtemps fondées, acheter par contrats tous les produits de leur fabrication, puis les revendre au-dessous du prix de revient afin de détourner à son profit les débouchés commerciaux, opérant ainsi la ruine de ces industries pour se substituer à leur place, et alors, maîtresse du marché, elle imposait ses conditions, rentrait dans les avances faites et acquérait pour l'avenir une source nouvelle de bénéfices sur la plus-value qu'elle pouvait à son gré et arbitrairement donner aux produits dont elle avait usurpé la fabrication (1).

Nous n'avons nullement la prétention outrecuidante de faire une étude sur toutes les formes de la spéculation, cette étude d'ailleurs a déjà été faite par des hommes spéciaux et ici elle sortirait du cadre des généralités de principes que nous nous sommes tracé ; mais nous voulons constater notre réprobation pour ces théories dont la synthèse et la morale n'aboutissent qu'à des déplacements de fortune et laissent subsister le même antagonisme social, la même insolidarité des intérêts, bien que des économistes qui ont propagé ces doctrines, F. Bastia entre autres, esprit clair et précis, aient reconnu qu'il y avait une relation étroite entre la fortune privée et la richesse collective ; alors qu'il déclare que ce qui est perdu pour un l'est pour tous, il s'est fait illusion à lui-même ou n'a vu qu'un côté de la question par l'énoncé de cette idée qui serait un axiome dans une société basée sur la mutualité, mais qui devient une fiction alors qu'il s'agit d'éléments sociaux hétérogènes.

____

(1) L'histoire industrielle de Madras relate un fait de cette nature.

DE LA LIBERTÉ

CONTRATS D'ASSOCIATION

Après avoir énoncé quelques-unes des conditions économiques qui engendrent pour les classes laborieuses un état d'infériorité injuste et anti-social, nous ne saurions conclure qu'en déclarant tout d'abord que la prospérité des producteurs n'existera réellement que lorsque, mis en possession de l'instrument de travail, ils auront la jouissance intégrale de leur production, ce qui nous conduit à examiner le seul moyen de développement qui nous soit accessible : la loi sur les sociétés! et à en étudier le côté qui se prête à l'extension de la coopération pour obtenir l'abolition du salariat et y substituer la responsabilité, ce grand principe de notre époque, ce puissant corollaire du droit.

Au premier examen de cette loi, on est frappé de l'absence de liberté entre les contractants qui règne dans l'ensemble de ses dispositions, et qui ne répond guère au mouvement actuel. Alors que l'on sanctionne en haut lieu la liberté des transactions, il est étrange qu'on n'eût point laissé les coudées plus franches aux contrats de sociétés en ne leur imposant qu'une publicité large, répandue, et l'obligation formelle de suivre leurs statuts sous peine de tomber dans le droit commun de déclarations non exécutées.

Ce que les travailleurs soucieux de leur affranchissement industriel demandaient surtout, c'était l'abolition de ces formalités gênantes que les sociétés sont contraintes d'observer sous peine de nullité (art. 7 de la loi du 25 août 1867), formalités qui semblent rappeler à un certain degré ces époques où, comme sous le règne de Louis XIV, le commerce tout entier avait à subir des taxes-ordonnances ou prescriptions locales.

Le principe de la liberté des conventions qui laissait à chacun, selon le droit naturel, la faculté de joindre ses efforts à ceux de ses semblables et de régler à l'amiable les clauses du contrat d'association n'ayant pas obtenu gain de cause, nous craignons

que cette décision n'ait pour effet de paralyser le développement
de la coopération. Des arguments ayant été fournis par des hommes
spécieux pour soutenir cette théorie, nous nous bornons à leur
donner notre adhésion morale, tout en regrettant que le législateur ait persisté à voir dans les sociétés coopératives des associations de capitaux alors qu'elles sont au contraire des associations
de travailleurs qui cherchent, par leurs efforts combinés, leur
affranchissement commun ; cela tient certainement à ce que les
mandataires qui font nos lois se pénètrent trop peu du mouvement intellectuel des sociétés dont ils déterminent les bases !

On a répondu, il est vrai, que toute société était une personne
morale et insaisissable dans une certaine proportion, et que la loi
devait garantir les tiers intéressés. Mais à cela un passé tout récent encore répond que, malgré ces garanties supposées que la
législation assure, bien des capitaux, bien des épargnes se sont
enfouis dans de véritables hécatombes avant même l'existence de
l'article 21 de la nouvelle loi, qui dispense les sociétés anonymes
de l'autorisation préalable du gouvernement.

CONCLUSION

Après avoir essayé d'examiner les points économiques qui nous intéressent à un si haut degré, après avoir apprécié les causes et les conséquences des grèves, répondu aux imputations et aux théories évoquées contre les travailleurs, constaté l'insuffisance de nos lois sur les sociétés, nous devons, dans notre dernière partie, rechercher les moyens de préparer une rénovation sociale basée sur le droit et sur la justice, et pour cela, qu'il nous soit permis de jeter un coup d'œil rétrospectif sur les nombreux travaux économiques que le passé a produits.

En étudiant les divers systèmes qui se sont succédé, on est amené à reconnaître leur insuffisance en raison même des lignes qui les ont déterminés, lignes étroites qui offrent quelque chose d'incompatible à notre nature variée, en limitant presque à l'avance à l'esprit humain le champ de ses investigations. Loin de nous cependant l'intention de critiquer sans de grandes réserves les écoles économiques antérieures; elles ont eu leur raison d'être en répondant aux besoins du moment, et surtout en jetant les bases de cette grande science de l'économie sociale dont l'étude, en dissipant toute erreur préconçue, préparera les esprits aux transformations diverses que le développement scientifique et l'utilisation des forces naturelles assureront dans l'avenir, et rendra le progrès utile et profitable à tous ; mais si nous croyons que les écoles ou systèmes exclusifs ont fait leur temps, c'est que l'accord s'est établi sur les points fondamentaux, sur les véritables causes du développement des richesses. Il n'y a plus à présent, entre les hommes qui cherchent le même but, que des divergences d'appréciations, des contestations sur les voies et moyens, sur les questions d'opportunité, et nous sommes convaincus que, pour les trancher, la libre discussion suffira. Déjà l'histoire nous apprend que les opinions de ces écoles se sont modifiées et ont accompli leurs évolutions progressives ainsi que toutes les connaissances humaines, mais qu'elles ne sont arrivées à une marche rationnelle qu'après avoir passé par des tâtonnements et des erreurs dignes des temps où triomphaient les sciences ocultes et l'amour du merveilleux.

C'est vers le seizième siècle, à cette époque où les nations semblèrent se réveiller du long sommeil qui pesait sur elles depuis la décadence de l'empire romain, que parurent les premiers essais sur les questions économiques ; mais cette initiative, partie de l'Italie, ne s'attacha guère qu'au numéraire, et ce n'est qu'au siècle suivant que l'économie sociale fut traitée, et que se forma la première école dont nous ayons des documents. Cette école porta le nom de mercantile, et ses partisans celui d'économistes financiers. Les théories qu'elle s'efforça de faire triompher ne sont plus soutenables aujourd'hui ; elles consistaient à vendre le plus possible à ses voisins sans jamais leur acheter qu'en cas d'absolue nécessité, à faire entrer le numéraire et à en défendre la sortie sous les peines les plus sévères. On pensait établir ainsi une balance de commerce constamment favorable aux intérêts du pays, au détriment toutefois des nations avec lesquelles on trafiquait, théorie fausse qui n'augmentait en rien la production des sociétés et paralysait l'échange. Sully, dont les mémoires ont surtout en vue des réformes administratives et sont déjà d'heureux présages pour cette science future, art de fantaisie à son époque, adopta les idées de ce système économique qui compta également parmi ses propagateurs Colbert, le fameux ministre de Louis XIV, Boisguilbert et Vauban, qui, tout en partageant les erreurs de leur temps, entrevirent déjà, et les premiers peut-être, une répartition plus équitable de l'impôt, une réduction des tailles, ce dont le grand roi leur tint compte en les disgraciant, puis Melon, Law, le père des grandes entreprises financières, le banquier Necker et tant d'autres encore.

Mais à cette époque l'influence de l'école de Galilée, la première qui cultiva les sciences exactes sans aucun mélange de superstition, où l'on rejetait avec une sévérité philosophique tout autre moyen d'étude que l'expérience et le calcul, l'impulsion donnée aux idées philosophiques par les travaux de *Bacon* et *Descartes* modifiaient et élevaient l'esprit des sociétés savantes qui seules, ou à peu près, à cette époque, étudiaient les lois de l'équilibre des forces productrices et des ressources des nations. C'est alors que vint cette célèbre phalange de savants et de philosophes, parmi lesquels on peut citer Quesnay, Gournay, Turgot, Condillac, Condorcet, Dupont de Nemours, qui constituèrent l'école agricole.

Quesnay, leur chef, attaqua par la base le système précédent en démontrant la stérilité de ses théories ; mais exclusif à son tour dans ses appréciations, il n'admettait que la terre seule comme réellement productrice , tandis que Gournay, son disciple, voyait au contraire la vraie richesse des nations dans le travail manufacturié ; ainsi, quoique préoccupés du même but, il existait entre ces deux penseurs des divergences d'opinions que Turgot s'efforça de concilier.

Cette école, comme on le voit, contient des erreurs, mais elle eut pour résultat d'attirer l'attention sur l'agriculture, contribua à atténuer l'intensité des disettes et à diriger la science économique dans une voie positive. Puis vint l'Écossais Adam Smith, qui fonda l'école industrielle ; avec lui commence une ère nouvelle pour l'économie sociale. Il emprunta aux travaux des économistes agricoles ce qu'ils avaient de rationnel ainsi que leur formule : *laissez passer !* et, se livrant à des recherches sur la cause des *richesses réelles*, il fit son livre célèbre : *Des Recherches sur la nature et les causes de la richesse des nations*, où il apprécie avec une grande vérité et à un point de vue très-élevé l'activité agricole et industrielle, établissant que le travail, quelle que soit son application, est la véritable source de toute richesse.

Cependant, malgré le véritable titre de gloire qu'il a conquis dans cette grande étude, d'autres économistes, et ici qu'on nous permette d'ajouter notre modeste opinion, lui reconnaissent le tort de ne considérer comme productif que le travail manuel, et de n'envisager les productions artistiques que comme pure fantaisie. Ce fut son propagateur en France, J.-B. Say, qui, le premier, leur reconnut une valeur réelle ; toutefois, nous tenons à constater que, si des différences d'appréciations se sont produites parmi ces hommes éminents, tous se rencontrèrent complétement d'accord sur deux points : 1° sur la liberté des transactions par la réduction des droit de douane et de prohibition, théorie qui a reçu dans ces derniers temps son application ; 2° sur la liberté du travail, qu'ils désiraient voir débarrassé de toute entrave afin de lui laisser son plein essor. Mais, et de plus, ils firent cette déclaration identique que : le travail seul est la source de tout bien-être. Or, partant de cette opinion émise par des hommes d'une valeur incontestable, qu'on ne peut taxer de partialité et dont les noms même sont si souvent invoqués par nos économistes officieux, ne sommes-nous pas amenés, comme conséquence logique, à affirmer que les efforts faits par les travailleurs pour améliorer leur sort sont en parfaite conformité avec les règles les plus absolues du droit, et que les entraves qu'ils pourraient rencontrer doivent être considérées comme autant de dénis de justice ?

En étudiant ces quelques théories des différentes écoles qui se sont produites, nous restons convaincus du progrès que les conceptions économiques ont accompli depuis ces temps historiquement peu éloignés de nous, où l'on croyait que le bonheur d'une nation ne pouvait s'obtenir qu'aux dépens de celui des autres, et cette époque plus rapprochée où J.-B. Say faisait cette déclaration éclatante de vérité : « On sait que le système exclusif est celui qui soutient que la prospérité d'une nation ne saurait avoir lieu qu'aux dépens de celle des autres nations ; c'est cette fausse notion qui a causé la plupart des guerres, et c'est un grand triomphe de l'économie politique que d'être parvenue à démontrer que chaque peuple au contraire est intéressé au progrès de tous les autres. Lorsque cette vérité sera généralement répandue, le germe des rivalités sanglantes ne subsistera plus. » Après les travaux qu'elle a accomplis, le rôle de la science économique ne consiste donc plus dans la seule recherche des causes de richesses, mais bien dans leur équitable répartition, et déjà philosophes, économistes, socialistes de toutes nuances se sont mis à l'œuvre pour découvrir la solution de ce grand problème, les uns en s'appuyant sur la liberté comme unique moyen, d'autres en demandant la réparti-tion, soit entre le talent, le capital et le travail, ou bien selon les capacités ; d'autres encore, partisans systématiques de la collecti-vité, ont réclamé la communauté des biens, puis enfin sont venus ceux qui s'efforcent de faire prévaloir la théorie de l'égal échange et de l'équivalence des fonctions. En présence de ces opinions diverses qu'anime un même sentiment de justice, sollicité par les nouveaux horizons qui se dégagent de ce choc d'idées, l'esprit humain se recueille et étudie le moyen d'arriver au juste équi-libre des forces et ressources sociales, tout en laissant à chacun la plus grande somme d'action, et est convaincu désormais que cha-que individualité est intéressée à l'amélioration morale et maté-rielle de tous ; il prépare les formules qui doivent servir de bases au droit moderne.

Mais pour rendre ces efforts fructueux, il faut les entourer de toutes les garanties possibles, et nous ne saurions en trouver ail-leurs que dans la liberté, mais dans la liberté pleine, entière, dégagée de toute restriction comme de tout privilége ! C'est pourquoi, en terminant, nous nous adressons au législateur afin de réclamer la restitution de toutes nos franchises municipales, le droit de penser, de parler, d'écrire sans aucune entrave, le droit de réunion, d'association encore subordonnée aux articles 291 et suivants du Code pénal ; et si nous revendiquons ces droits, c'est au nom de notre dignité, au nom du développement intégral des forces vives des nations que saccage l'antagonisme des intérêts ; c'est pour qu'il soit possible d'édifier ce grand enseignement populaire, duquel seulement naîtra l'harmonie économique durable basée sur la solidarité générale des intérêts ; c'est qu'enfin nous sommes convaincus que la liberté seule élève les nations, les instruit, les renseigne sur leurs véritables besoins.

Pour les délégués du bronze :

GARNIER, (Jean), rue du Transit, 103 ;
GAILLARD, rue Oberkampf, 69 ;
HUET, rue Keller, 36 ;
LANDRIN, (Hip.), rue de Belleyme, 12 ;
LANDRIN, (Léon), rue de La Roquette, 90 ;
LACHAISE, rue Sedaine, 65 ;
MAYER, rue Boule, 12.

IMPRIMERIE PARISIENNE, Dufour et C⁰, impasse Bonne-Nouvelle, 5.